Trop de réflexion

Arrêtez de penser négativement, arrêtez d'être déprimé et de vivre au bord du gouffre en 72 heures [Overthinking, French Edition]

Filippe Blair

Texte Copyright © 2021 par Filippe Blair - Tous droits réservés.

Tous les droits sont réservés. Aucune partie de ce guide ne peut être reproduite sous aucune forme sans l'autorisation écrite de l'éditeur, sauf dans le cas de brèves citations dans des articles critiques.

Avertissement légal

Les informations contenues dans ce livre et son contenu n'a pas été conçu pour remplacer ou prendre la place de toute forme de conseils médicaux ou professionnels; et ne vise pas à remplacer la nécessité d'une médicale, financière, juridique ou autre indépendant des conseils professionnels ou de services, qui peuvent être nécessaires. Le contenu et les informations dans ce livre ont été fournis à des fins éducatives et de divertissement seulement.

Le contenu et les informations contenues dans ce livre a été compilé à partir de sources jugées fiables, et sont exacts au meilleur de la connaissance de l'auteur, l'information et la croyance. Cependant, l'auteur ne peut pas garantir l'exactitude et la validité et ne peut être tenu responsable des erreurs et / ou omissions. En outre, des modifications sont apportées périodiquement à ce livre comme et en cas de besoin. Le cas échéant et / ou nécessaire, vous devez consulter un professionnel (y compris mais sans s'y limiter à votre médecin, avocat, conseiller financier ou tout autre conseiller professionnel) avant d'utiliser l'un des remèdes proposés, des techniques ou des informations dans ce livre.

Lors de l'utilisation du contenu et des informations contenues dans ce livre, vous engagez à protéger l'auteur de tous dommages, coûts et dépenses, y compris les frais juridiques pouvant résulter de l'application de l'une des informations fournies par ce livre. Cette constatation vaut pour toute perte, dommage ou préjudice causé par l'utilisation et l'application, que ce soit directement ou indirectement, de tout conseil ou information présentée, que ce soit pour rupture de contrat, d'un délit, d'une négligence, des blessures corporelles, l'intention criminelle ou de toute autre cause d'action.

Vous acceptez d'accepter tous les risques de l'utilisation des informations présentées dans ce livre.

Vous acceptez que, en continuant à lire ce livre, le cas échéant et / ou nécessaire, vous devrez consulter un professionnel (y compris mais sans s'y limiter à votre médecin, avocat ou conseiller financier ou tout autre conseiller au besoin) avant d'utiliser l'un des remèdes proposés, techniques ou informations contenues dans ce livre.

Tabla de contenido

Introducción 5
Chapitre 1   Penser trop 7
Chapitre 2   Causes de penser trop 15
Chapitre 3   Surcharge d'information 20
Chapitre 4   Comment Declutter votre esprit 32
Chapitre 5   Comment Declutter votre environnement 50
Chapitre 6   Comment former de bonnes habitudes 71
Chapitre 7   Comment faire pour supprimer Influences négatives 82
Chapitre 8   Qu'est-ce que Pleine conscience? 94
Chapitre 9   Comment obtenir une bonne nuit de sommeil .. 102
Conclusion 110

Introducción

Félicitations pour l'achat Penser trop et merci de le faire.

Les chapitres suivants discuteront longuement sur se Penser trop est, les dangers et les conséquences de penser trop et comment recâbler votre état d'esprit de penser positif et d'améliorer l'estime de soi.

Penser trop est un critique et un problème mondial qui a des milliards de personnes touchées. Beaucoup de gens ne savent ce qu'il est à la surface, mais n'ont pas une connaissance de la façon dont il revigorer nos esprits en profondeur. En fait, la plupart des gens qui vivent dans le monde ne sont pas une idée qu'ils sont penser tropes. Penser trop est pas une maladie, mais une habitude malsaine qui ne nous mène à rien de bon. Il est plus dangereux et puissant que les armes nucléaires.

Alors, comment savez-vous que vous penser trop questions ? Comment savez-vous que vous n'êtes pas Penser trop ? Comment savez-vous que votre esprit est en bonne santé et que vous ne souffrez d'aucun problème lié Penser trop ? Quelles sont les causes Penser trop ? Comment peut-Penser trop être réduit ? At-il un effet psychologique, émotionnel ou physique sur la victime touchée ? Ceux-ci et beaucoup d'autres sont ce que ce livre tente d'exposer.

En plus de penser trop, ce livre aborde également combien il est important de maintenir un état d'esprit positif, non seulement dans un cadre de travail ou à l'école, mais dans tous les endroits que vous allez et maintenir tout le temps. La question de l'encombrement est à nouveau, un autre problème mondial qui affecte la productivité des personnes et des niveaux de concentration. A un lieu de travail, l'école, les sites industriels, les commerces de détail, ayant un résultat esprit encombrés à zéro progrès. Un esprit est encombré vous bloque de voir les opportunités et les reconnaître. Ce livre explique de façon critique ce que ces sont encombre, pourquoi ils sont présents, qui les reçoit, il est l'effet et les solutions possibles sur la façon de les arrêter. L'une des solutions, comme expliqué en détail dans ce livre pour arrêter votre esprit d'être encombré est positif par la pensée. Nous avons expliqué comment cela écourte un esprit encombré,

Les personnes que vous associez ont également une influence sur vous. Les associer à des négatifs vous faire dérailler d'atteindre vos objectifs et devenir productifs. Le maintien d'un cercle positif, d'autre part est avantageux et de loin, ce que vous devez être progressif. Ce livre a discuté des conseils sur la façon de surmonter ces gens négatifs et comment attirer la positivité dans votre vie.

Beaucoup de gens ne savent pas que l'environnement a un effet psychologique sur une personne. Comment un environnement encombré a déterminé votre niveau d'entrée de travail et de la production. Ce livre a parlé des effets psychologiques de ces encombre ont sur une personne et les moyens de désencombrer un environnement pour un rendement maximum. Ce livre fournit toutes les informations utiles dont vous avez besoin pour désencombrer votre esprit et le libérer des griffes de penser trop. Avec des conseils pratiques énumérés et expliqués dans ce livre, vous, que le lecteur ne manquera pas d'avoir un impact positif après la lecture.

Il y a beaucoup de livres sur ce sujet sur le marché, merci encore d'avoir choisi celui-ci ! Tous les efforts sont faits pour assurer qu'il est plein d'autant d'informations utiles que possible, s'il vous plaît profiter !

Chapitre 1

Penser trop

Qu'est-ce que Penser trop?

Il n'y a pas de définition complexe de se Penser trop est. Il suffit de penser des moyens trop, même quand il est inutile. Lorsque vous analysez les choses plus ou vous avez des pensées répétitives, au lieu d'agir en fait, vous êtes tout simplement Penser trop.

Vous demandez peut-être « est penser trop en bonne santé ? Qu'est-ce que penser trop faire à une personne ? ». La vérité est une personne qui pense est plus à rien de bon. Elle entrave votre capacité à progresser, vous empêche de prendre certaines décisions qui conduiront à vous atteindre vos objectifs, et nous vous tiendrons stagnante., Vous vous déplacez à la place dans les cercles. Comme une personne sur une boucle. Une personne penser trop n'est pas efficace et tout à fait indécise. Parfois, il / elle prétend qu'il est utile au cerveau. Non ce n'est pas ! Une personne qui penser trop est généralement inquiet au sujet des choses qui sont hors de leur contrôle.

Dans certaines situations, parfois, il est tout à fait inévitable de penser. Lorsque mauvais ou quelque chose de terrible se produit, vous ne pouvez pas vous aider, mais à penser et puis, vous finissez par penser trop. Lorsque vous vous voyez faire les mêmes erreurs, vous ne pouvez pas vous aider mais à penser trop. En espérant qu'une solution possible pourrait juste venir. Vous commencez à vous remettre en question et beaucoup de choses sur vous. À ce stade, les pensées négatives commencent à envahir votre esprit. Les schémas de pensée négatifs, les émotions négatives de votre faculté dévore la pensée et vous devenez coincé dans à la recherche d'une solution. Tout cela au nom de penser trop. La plupart du temps, vous pouvez probablement finir par ne pas venir avec une solution. Vous venez perdu votre temps et de l'énergie sur penser trop. Il n'est jamais une solution à tout problème. Plus vous vous livrez, plus vous êtes en colère, mécontent, déçu et malheureux. Notez que la pensée n'est jamais un problème, mais quand vous penser trop, il devient l'un.

Les signes de penser trop

Lorsque vous êtes impliqué dans penser trop, vous ne savez peut-être pas. Il est donc essentiel que vous reconnaissiez les signes qui vous font un penser trop. Voici les bons signes de base. Ces signes vous aideront à réaliser que penser trop fait plus de mal que de bien.

- J'ai du mal à dormir parce que mon cerveau ne faire une pause.
- Je revis situation embarrassante encore et encore.
- Je ne peux pas me faire cesser de se préoccuper de mes problèmes.
- Quand quelqu'un dit ou fait quelque chose que je ne comprends pas, je continue à rejouer dans ma tête.
- J'ai passé beaucoup de temps à se soucier des choses que je ne peux pas contrôler.
- Je dégage constamment mes erreurs.
- Je passe beaucoup de temps à se soucier de sens caché dans ce que quelqu'un me dit.

- Je demande beaucoup de ce « si « des questions sur mes actions et des événements dans ma vie.

Une personne qui pense trop à du mal à contribuer à une conversation. Il / elle est distraite et quand il se remet enfin de penser trop, la conversation est terminée. La personne se comparer / elle-même sans cesse aux gens de son âge ou autour de lui dans toutes les ramifications.

Types de Penser trop

Sont communs Deux types de Penser trop; passé réflexions et préoccupations futures.

Réflexions antérieures est tout simplement habitation sur les événements du passé. Exemple; la mort d'un être cher, une erreur, etc. Ces événements ne peuvent pas sortir de votre esprit, donc, vous continuez à penser trop.

Soucis futurs pense à l'issue des événements à l'avenir. Les incertitudes étant à obscurcir votre esprit et vous ne pouvez pas aider mais penser aux pires scénarios possibles. Vos pensées commencent comme ça, « si je l'ai fait où le faire ? » « Prend cette mesure la bonne chose à faire ? » « Pourquoi devrais-je prendre cette mesure ? ». Une telle personne est inquiète au sujet des événements futurs et s'il / elle est capable d'atteindre certains objectifs. Et puis, toutes vos pensées deviennent négatives.

Les gens qui éprouvent des problèmes penser trop ont généralement un certain nombre de choses en commun, leur gagne-pain et la qualité de vie est mis en danger. La capacité de contrôler leurs émotions est perdu, et ils ont du mal à se faire des amis. Leur vie sociale est compromise, et ils luttent pour communiquer leurs sentiments, leurs émotions, ou de partager leurs problèmes avec les gens. Penser trop crée des problèmes pour vous tous azimuts et peut prendre un péage personnel dans votre vie.

Relation entre Penser trop et des troubles psychologiques.

Il peut vous intéresser de savoir que Penser trop a été liée à des troubles psychologiques, comme les troubles de l'anxiété et la dépression. La plupart des diagnostics de santé mentale, y compris celle des troubles de l'anxiété comme le SSPT, SAD, Phobies, ont tous ruminations constantes ou penser trop comme symptôme potentiel. Une personne qui est obsessionnelle pourrait déclencher un trouble mental aussi bien. Ceux qui ont des troubles mentaux et sont toujours absents d'esprit. Ils revivent le passé en permanence.

Les troubles anxieux sont le type le plus commun des troubles émotionnels. Lorsque l'anxiété atteint un niveau disproportionné, il est dit que personne un souffre d'un trouble anxieux. Étant donné que votre cerveau est toujours inquiet de ce qui va suivre, ou ce qui n'est pas, il déclenche penser trop et de l'anxiété. Penser trop est un symptôme saillant d'une personne qui souffre d'un trouble anxieux. L'anxiété et Penser trop sont étroitement liés.

Donc, si vous remarquez que vous pensez trop, il peut être un signe d'un problème de santé mentale.

Effets de Penser trop

Penser trop a beaucoup d'effets sur la personne concernée. Elle affecte la capacité de la personne à la fonction. Elle affecte la capacité de la personne à fonctionner au travail, à l'école ou dans un environnement de construction. La personne concernée est inquiète de quelque chose, même s'il n'y a absolument rien à craindre. Il y a une perte générale de l'estime de soi. Vous vous voyez comme inférieure à d'autres personnes et que vous sentez que vous êtes constamment menacé par quelqu'un qui n'y a personne.

Effets de penser trop comprend;

Moins de créativité

Lorsque vous penser trop, vous avez tendance à être moins créatif. Le cerveau fonctionne mieux quand il est calme et tranquille par une pensée intense. Penser trop, d'autre part, est destructrice et perturbe les processus cognitifs du cerveau. Il peut faire penser à de nouvelles solutions et de nouvelles idées, un défi.

Il provoque l'insomnie

Il est évident que si vous envisagez d'un événement ou d'une autre, il vous sera difficile de s'endormir. Votre cerveau et le corps besoin d'être dans un état de calme avant de pouvoir dormir. Penser trop, d'autre part, agir en tant que dissuasion. Vous devenez mentalement épuisé et commencer à souffrir de la privation de sommeil.

Il augmente votre niveau de stress

Penser trop ne vient pas seulement de l'air. Il faut une sorte d'énergie mentale pour le faire. Le plus drôle est qu'il ne mène nulle part, autre que stressent votre cerveau qui aurait été réaffectées à quelque chose de plus productif et axé sur les buts.

Penser trop cause du stress et de la fatigue mentale en libérant l'hormone du stress, le cortisol. Cortisol est la réponse au stress du corps. Ainsi, plus le corps est souligné, plus l'hormone est produite, ce qui provoque le corps à appauvrir plus.

Rappelez-vous, nous avons parlé de la relation entre Penser trop, la dépression et l'anxiété. Le stress est un symptôme et une réaction à eux. Lorsque vous penser trop, vous devenez anxieux et cette volonté réponse de déclenchement.

Il affecte l'appétit

Penser trop peut avoir un impact énorme sur votre système digestif. Penser trop provoque le stress, ce qui crée des problèmes gastro-intestinaux. Vous ne mangez que des rafiots et autres aliments malsains qui est préjudiciable à votre santé.

Penser trop affecte votre peau

Le stress est un rejeton de penser trop. Lorsque vous vous livrez, il affecte beaucoup d'ingrédients de la peau et de la structure qui est responsable de garder votre peau saine et éclatante. Affections de la peau comme la dermatite, le psoriasis sont des effets courants de penser trop.

Votre système immunitaire est affecté

Penser trop affecte le système de défense naturelle de votre corps, le rendant vulnérable aux maladies et aux infections. C'est la raison pour laquelle la plupart du temps, vous tombez malade quand vous êtes stressé.

Augmente les chances d'avoir une perte de mémoire

Penser trop peut obscurcir vos jugements et vos processus de prise de décision, parce que votre mémoire est affectée. Une personne qui est en train de revivre les événements dans le passé obtient son / sa mémoire coincé dans ces événements. Une telle personne perd contact avec la réalité actuelle et de ce fait, augmente ses / ses chances d'avoir une perte de mémoire.

Affecte votre processus de décision

Parfois, lorsque vous analysez sur les solutions possibles à un scénario, vous finissez soit pas prendre la bonne décision ou que vous ne faites pas la décision du tout. Ce concept est appelé la paralysie d'analyse.

Vous ne parvenez pas à prendre certaines décisions parce que vous analysez toutes les possibilités possibles de parvenir à un échec. Même si vous ne prendre de telles décisions, vous faites le mauvais parce que vos pensées ont obtenu tout mélanger avec la négativité et de l'incertitude. « Et si je le fais et ça ne va pas bien ? » « Quel sera le résultat si je prends cette étape ? Des questions comme cela va vous empêcher de prendre des mesures à la fin de la journée. Une personne qui penser trop a du mal à prendre des risques, peu importe à quel point il peut être. C'est parce qu'à chaque jonction, une telle personne est de trouver une échappatoire à l'échec. Prendre des risques fait partie de la réussite. Chaque personne qui a réussi là-bas a pris un risque ou l'autre. À un moment donné dans le temps, ils auraient pu en fait échouer, mais cela n'a pas été la fin. Une personne qui penser trop ne voit jamais les choses de cette façon.

Penser trop est à la base des problèmes de santé

Le stress émotionnel, qui est la suite de penser trop déclenche beaucoup de maladies de santé que vous ne pouvez pas imaginer. Les causes penser trop; maux de tête, des étourdissements, des nausées, et même un arrêt cardiaque. La dépression devient l'ordre du jour si elle n'est pas traitée.

Il provoque des problèmes de santé cardiovasculaires

L'hypertension artérielle, douleurs à la poitrine, sont quelques-uns des problèmes de santé cardiovasculaires Penser trop causes. Penser trop provoque également vos vaisseaux sanguins à être plus minces, ce qui rend difficile pour le sang de circuler correctement et provoque plusieurs autres glandes dysfonctionnement à bien.

Une personne qui penser trop augmente le risque de mourir prématurément.

La recherche a montré que les gens qui sont morts à un âge précoce ont un niveau inférieur d'une protéine appelée REST.

Cette protéine est connue pour calmer le cerveau, si elle devient trop active. Si vous êtes un penser Troper, vous risquez votre santé de réduire votre taux de protéines de repos, ce qui signifie que vous mettez votre vie en danger de mort précoce.

Penser trop augmente le risque d'alopécie

Remarqué que la plupart des penser tropes ont des têtes chauves ? Eh bien, tout cela se résume à Penser trop. Lorsque vous penser trop, vos cheveux tombe à un rythme beaucoup plus rapide.

Chapitre 2

Causes de penser trop

Penser trop est un problème grave qui affecte 80% de la population mondiale. Il est tout à fait normal pour l'homme à penser, mais quand nous penser trop problèmes, des événements et des situations, il devient malsain et il entraîne d'autres choses malsaines dans nos vies.

Alors, qu'est-ce donc, sont les causes de penser trop ? Quels sont les facteurs qui déclenchent son existence en nous, les humains ?

Manque d'estime de soi

Lorsque vous la foi et croire en perdre vos capacités à Affrontez d'autres personnes, vous commencez à penser trop. Une personne qui manque d'estime de soi se voit constamment comme des êtres inférieurs et pas assez bon. Il / elle pense qu'ils ne méritent pas d'être là où ils sont. Ils supposent que les gens les critiquent derrière leur dos. Ils se sentent les gens regardent sur eux tout le temps, même si l'inverse peut être le cas. Les problèmes de ces personnes et peut même se retirer / elle-même du public. Puis, ils se dissocient de toute forme de socialisation. Lorsque vous manque de confiance pour faire quelque chose, vous commencez à imaginer des choses. Vous commencez à vous imaginer comme un échec. Lorsque vous complimenté pour faire quelque chose de bien, vous sentez qu'il est une forme de plaisanterie. Vous supposez que vous n'avez pas ce qu'il faut pour réussir dans le monde réel. Toi alors,

Peur

Oui ! La peur provoque penser trop. La peur de l'inconnu, la peur d'un événement particulier vers le sud, la peur de se tromper, la peur de perdre un être cher sont toute la synthèse de penser trop. Penser tropes à ce désir brûlant de perfectionnisme, donc, ils ne peuvent accepter rien de moins que cela. Ne pas se tromper, l'échec n'est jamais une chose bien, mais les gens qui l'échec penser trop de sensation, juste prouve à quel point ils sont. Ils ne voient pas l'échec comme quelque chose d'inévitable et quelque chose que vous devriez apprendre. Quand vous sentez que votre maison peut être cambriolée à tout instant, parce que vous avez connu un tel incident, vous commencez à penser trop à ce moment. Même lorsque vous êtes en sécurité, vous vous sentez toujours votre vie est menacée, d'une façon ou l'autre. La peur peut aussi être né des comportements irrationnels., Il ne sorte pas de venir dans un modèle. Parfois, les gens qui vivent à son tour la peur constante dépresseurs et de l'alcool pour réprimer leurs pensées négatives. Et puis, ils deviennent toxicomanes et alcooliques.

Anxiété

Désireuse est pas mal. C'est l'une des choses qui nous fait humains. Cependant, quand nous devenons trop anxieux, il devient un problème. Dans ce cas, une telle personne est un penser troper. Une telle personne est inquiète au sujet des résultats des événements, ce qui conduit à analyser et sur l'analyse. Définit la pression et puis, vous stresser. Les gens qui se sentent penser trop ils doivent être dans le contrôle absolu sur tout, y compris leur avenir. Ils ne peuvent pas faire face à ce que l'avenir leur réserve, par conséquent, ils deviennent obsédés puis, penser trop. Ils ont peur des résultats négatifs, ce qui les amènent à contemplent au lieu de le laisser être. Parfois, l'anxiété affecte leur processus de prise de décision parce qu'ils pensent trop.

Manque de confiance

Le manque de confiance sur votre personne est un autre facteur qui cause penser trop et affecte processus de prise de décision. Parce que vous avez peur de prendre la mauvaise décision, vous analysez des situations jusqu'à ce que vous ayez accumulé tant d'options dans votre tête. A la fin de la journée, vous ne pouvez pas prendre une décision sur vos options disponibles. Tout cela parce que vous ne vous assez confiance pour ne pas aller de l'avant. Votre cerveau est bombardé avec plusieurs pensées et vous devenez confus et mentalement épuisé à même arriver à une solution. Vous êtes certainement un penser troper si vous passez par ce processus.

Traumatisme

Que ce soit un traumatisme émotionnel ou psychologique, cela peut amener une personne à penser trop. Par exemple, une victime de viol toujours revivre ces moments où il / elle a été sexuellement violée. Une telle personne estime qu'il est difficile de nouer des relations saines avec le sexe opposé, en raison de l'expérience. Un individu est traumatisé un penser troper et va le détacher / elle-même de socialiser avec les gens, en particulier le sexe opposé.

En dehors de la violence sexuelle, une personne traumatisée peut être en train de revivre les moments, il / elle a perdu un être cher. Par exemple, la mort d'un conjoint peut vous faire à penser trop ces moments que vous avez partagés avec une telle personne avant leur mort. Vous ruminez sans cesse les possibilités et scénarios de vous sauver ces personnes si vous y étiez. Vous commencez à poser des questions sur un scénario possible comme celui-ci, « si j'étais là-bas, vous auriez probablement vécu plus longtemps ». La plupart du temps, il vous est difficile de vous ramener à nos jours. Vous trouvez qu'il est absolument difficile de vous détacher de vos pensées, parce que vous vous sentez accablés.

La dépression

La dépression et Penser trop sont comme cinq et six. Perte et de la frustration, la tristesse, sont autant de facteurs que la dépression cause. Et quand vous devenez déprimé, votre comportement devient régi par des pensées pessimistes, qui donne accès au penser trop et des problèmes de concentration. La dépression aussi, cède la place pour les médicaments, la nourriture, les cigarettes et dépendance à l'alcool. Le traumatisme est une autre cause principale de la dépression, parce que vous renoncez dans les pensées du passé. Une personne déprimée, parfois souffre de problèmes de déréalisation. Il sent que le monde est irréel, plat, terne, et étrange et se sent détaché de la réalité.

Finances

Si vous êtes faible dans la finance, cassé ou vous avez réalisé que vous avez perdu un investissement pour les sites frauduleux, les chances sont que vous êtes susceptibles de boire de suite vos problèmes dans un bar et trop penser. La plupart des gens se remettent de ce bien, tandis que d'autres demeurent dans leur perte et situation pour ensemble.

Obsession

Se soucier sans cesse de bien-être d'une personne est connue comme obsession. Pourquoi est-il normal de s'inquiéter et prendre soin d'un être cher ou quelque chose, d'être obsédé par ces personnes ou quelque chose est malsain et qui vous fait trop penser. Même quand la personne que vous prenez soin de vous est juste à côté, vous supposez que quand un tel congé de personne, quelque chose qui pourrait arriver à lui / elle. Les gens obsessionnels développent souvent un type de trouble d'anxiété parce qu'ils voient se plonger dans penser trop chaque fois.

Chapitre 3

Surcharge d'information

Le cerveau n'a pas été conçu pour traiter un ensemble d'informations en même temps. Lorsque votre cerveau pense à plusieurs choses en même temps à traiter, vous cerveau est stressé. Lorsque votre cerveau devient stressé, votre fonctionnalité est réduite. Votre productivité est presque réduite à zéro. C'est parce que votre cerveau est confus au sujet des informations à traiter vraiment.

Le terme de surcharge d'information signifie simplement l'abondance de l'offre trop d'informations. Il est évident que nous vivons à l'ère de l'information, où nous avons accès aux nouvelles sans fin, des vidéos, et d'autres. La technologie et l'ère numérique a permis que les informations soient à la portée de nos doigts. Les médias sociaux et l'Internet sont largement considérés comme les facteurs les plus influents à cet égard. Nous sommes plus exposés à l'information et consommer de l'information quotidienne. Il y a plus de dépendance à l'égard de l'information. Les gens se connectent à Internet pour accéder à une information ou l'autre. Il y a plus d'informations maintenant à absorber qu'ils ne l'étaient, il y a 10, 15 ou 20 ans. Le cerveau, qui est le centre de traitement devrait absorber et traiter toutes ces informations à la fois. Comment est-ce possible ? Comme expliqué au début de ce chapitre, le cerveau est configuré pour gérer uniquement autant qu'il pouvait. Elle est limitée à la quantité d'informations qu'il peut stocker dans sa mémoire. Ensuite, nous avons l'esprit qui accorde une attention à environ trois à quatre à la fois. Tout ce qui est au-delà de suicidaire. Vous devenez non focalisé, vos pensées et votre devient pas clair processus de décision devient plus lent et moins bonne. La complexité de l'information rend le décideur des difficultés face à déterminer la meilleure mesure possible de prendre. Les décideurs raisonnement cognitif est usurpé par la quantité d'informations qu'il a pris. Le temps et les ressources sont gaspillées et votre performance décider de prise est réduite au minimum. Il est possible d'assister à même un arrêt du cerveau. À ce moment-là, vous ne pouvez pas penser à quoi que ce soit. Vous êtes juste là. Il faudra quelques secondes avant que vous vous rendiez compte où vous êtes et ce que vous aviez l'intention de le faire. Ce sont les gens d'expérience avec la surcharge d'information subissent.

Si vous voulez faire avancer les choses plus vite et être plus créatif avec votre pensée positive, vous devez limiter la quantité d'informations que vous assimilent. Vous devez fixer des limites à la quantité d'informations que vous absorbez. En faisant cela, vous dépensez moins de temps à obtenir des tâches effectuées.

Les causes de la surcharge d'informations

Plusieurs causes de la surcharge d'abonde d'informations. Il y a autant de causes comme il y a des avantages. Être au courant des dernières nouvelles ne sont pas un problème. Le problème ici est que nous prenons tellement que notre cerveau ne peut pas traiter. Personne ne peut prendre autant que des milliers de nouvelles quotidiennes. Alors pourquoi nous insistons toujours notre cervelle, même si elle a atteint sa limite ? Creuser des informations peut être écrasante et elle conduit à la confusion et bien sûr, la surcharge d'information.

Causes de la surcharge d'information comprend;

- Pression pour rester à jour - Vous voulez toujours être le premier à savoir quand quelque chose est arrivé. Des facteurs tels que l'ennui est aussi responsable. Vous restez scotché aux prises de nouvelles et toujours voulez quelque chose à consommer pour satisfaire votre ennui. Vous êtes plongés dans le flot d'informations parce que vous êtes sous pression pour obtenir une chose ou l'autre. Dans la quête de savoir plus, vous vous donnez réellement la surcharge d'information, qui vous laisse déprimé, stressé et confus la plupart du temps.

- L'abondance des canaux d'information qui sont disponibles pour nous - Téléphone, e-mails, les réseaux sociaux sont facilement les canaux les plus utilisés pour la diffusion d'informations. Email par exemple, reçoit plus de 300 milliards d'e-mails tous les jours dans le monde entier. Les gens ont constamment des problèmes en passant par leurs e-mails, suivre le taux d'e-mails entrants et le filtrage des messages de spam, ainsi que la suppression de messages indésirables. Les lieux de travail, les entreprises, les entreprises se concentre sur l'utilisation des e-mails pour atteindre des milliards de consommateurs, les travailleurs et les associés d'affaires. Des millions de personnes inscription pour les bulletins sur les sites Web pour recevoir les dernières nouvelles sur un créneau avec les e-mails. La quantité d'informations on est exposé à travers les canaux, il est difficile pour la personne de penser droit. Imaginez filtrer votre boîte e-mail pour une journée entière ? Il pourrait avoir un impact sur votre processus de pensée.

La même chose va pour le canal des médias sociaux. Milliards d'information sont passés par ce canal tous les jours et c'est la raison derrière la surcharge d'information. Vous voyez différents points de vue sur les questions de sujet. Certains qui semblent confus et certains qui ont l'air insultant. Ces choses peuvent provoquer une surcharge d'information parce que vous serez ses racines dans vos pensées, l'analyse des informations consommées, les différents points de vue, et les réactions sur le sujet.

- La quête de diffuser et de partager des informations avec des amis et collègues - Vous voulez être dans le cercle de la « sait ». Vous voulez toujours être la première personne à partager une information avec un ami, un collègue ou un parent et être étiquetée « la plaque tournante de l'information ». La croissance rapide des applications et des canaux de diffusion tels que Facebook et d'autres réseaux de médias sociaux a grandement influencé la recherche d'informations Over Share avec d'autres utilisateurs. Vous voulez être la première fois à toujours frapper le bouton de partage ou le bouton de message. Les médias sociaux créent une distraction que les gens sont consommés par la quantité d'informations à leur disposition, tant qu'ils deviennent les contrôleurs de la façon dont ils utilisent ces informations. La surcharge des médias sociaux a eu un impact négatif sur la productivité et a donné lieu à un mauvais processus de prise de décision.

- Le désespoir d'accumuler plus d'informations à des fins de stockage - Selon un célèbre développeur de jeux, les gens veulent consommer de l'information, non pas parce qu'ils en ont besoin à ce moment-là, mais parce qu'ils en ont besoin, juste au cas où quelque chose de genre surgit., Ils consomment donc des informations à des fins de stockage. Il est appelé, « la juste situation de temps par rapport au cas où ».

La plupart du temps, parce que les informations que vous consommez ne dispose pas d'un but immédiat, vous pouvez trouver la digestion difficile et peut même oublier sur le long terme. Prenons, par exemple, vous apprenez un sujet à l'école parce qu'il est obligatoire et, vous apprenez une autre qui n'est pas obligatoire ou non pertinentes à l'établissement scolaire. Il y a une plus grande chance de vous conserver ces informations, parce que vous savez que vous en avoir besoin pour un test ou d'examens, par rapport à vous apprendre un sujet en dehors de l'école parce que vous sentez que vous pourriez avoir besoin de telles informations à l'avenir. Et parce que vous apprenez un sujet qui est en dehors du cadre scolaire et non liés à quoi et pourquoi vous avez besoin d'apprendre à ce moment-là, vous trouverez l'apprentissage difficile.

- Le taux alarmant auquel les nouvelles informations est produit par jour - Les médias d'information est une industrie compétitive, avec des entreprises qui tentent d'affirmer leur autorité. Il y a un prime mis sur la façon dont rapide nouvelles atteint le public. Cela conduit à la compétitivité des entreprises de médias dans le monde des nouvelles. Maisons des médias se concentre sur la façon de gagner le public avec la façon fiable et rapide les nouvelles atteint le public, afin qu'ils veuillent être au sommet de leur jeu « A ». Cependant, la recherche de maisons de médias d'avoir un avantage concurrentiel par rapport à l'autre, conduit parfois à la diffusion de faux ou de faux rapports. La qualité des nouvelles est affectée et il nous reste à délibérer si le rapport est en fait vrai ou faux. A la fin de la journée, il est la quantité sur la qualité. Au cours du processus d'analyse des informations, nous dépassons notre cerveau avec des pensées inutiles.

- Et la désinformation des inexactitudes données disponibles - La fiabilité de l'information dépend entièrement de la source. L'Internet par exemple, compte plus d'un million de sites, plus d'un milliard de pages d'informations et plus de 2,5 billions d'octets de données par jour, qui est accessible aux chercheurs. Cela a permis aux utilisateurs de trouver rapidement les informations qu'ils veulent, à condition que les informations sont disponibles. Cependant, certaines de ces informations peuvent être incorrectes avec précision. En effet, il est l'autorité officielle qui est soutenue par la loi pour vérifier l'authenticité de ces informations avant publication. Ainsi, conduisant à la désinformation du public. Depuis, les informations sont échangées et partagées, il devient difficile de contrôler les informations, voler autour de l'Internet. Le résultat évident est que les gens, les faits avant recouper pour atteindre une certaine décision.

- Une mauvaise méthode cognitive pour approcher et assimilant les différents types d'informations - Ceci est un cas de compréhension de l'information assimilée, car il est nécessaire par rapport à comprendre l'information obligatoire. Ce que cela signifie est notre approche et de l'information assimilent détermine la façon dont les processus du cerveau et comment la mémoire conserver. Certaines informations ont différentes manières d'approche. Certaines informations sont mieux absorbées en bits que dans son ensemble, tandis que d'autres peuvent être absorbés dans son ensemble. Si l'information est lourde, il est préférable de vous assimiler les bits par des bits. Cela permettra au cerveau de ne pas obtenir stresser. Cependant, en essayant d'assimiler des informations encombrantes à la fois seront tout simplement perturber les processus du cerveau et provoquer une surcharge d'informations.

- La forte demande de données historiques - Les historiens utilisent Internet tous les jours pour creuser des faits historiques. Les non-historiens font également l'utilisation de l'Internet et la presse écrite pour savoir certaines choses qui est connecté au passé. Ils naviguent à travers de nombreux sites et analyser les faits chaque source publiée pour tirer quelques éléments de vérité et d'originalité. Au cours de ce processus d'analyse, ils surchargent leur cerveau avec des informations. Il y a un choc de fait au sujet d'une incidence et la personne essaie de découvrir ce qui est vraiment mal. Ainsi, en insistant sur le processus du cerveau et de provoquer une surcharge d'information.

Comment éviter de surcharger le cerveau avec l'information

Il y a un nombre croissant d'efforts et des solutions à l'échelle mondiale pour réduire la surcharge d'information au plus strict minimum. Certains sont des suggestions et d'autres ne sont que des essais. Certains pays mettent des règlements à l'utilisation d'Internet et les médias sociaux pour lutter contre la surcharge d'information. Cependant, la solution générale de la lutte contre la surcharge d'information est;

La réduction de la quantité d'information absorbée

Choisissez uniquement les informations dont vous avez besoin. Ne pas aller à prendre des informations parce que vous le voulez. Au contraire, digérer l'information parce qu'il est nécessaire. Plutôt que de lire toutes les histoires que les tendances en ligne, choisir celui qui est le plus important pour vous. Cela ne me vous ne devriez pas que diriez-vous la recherche du savoir. La chose la plus importante est que vous ne devriez pas surcharger le cerveau avec des informations qui ne sont pas forcément nécessaire pour le moment. Filtrer la quantité d'informations que vous avez besoin. S'il est impossible de nouvelles du filtre, les shunt médias pour seulement une journée et vous verrez comment vous deviendrez efficace.

Cognitive adopter une approche pour une meilleure information Assimiler

La prise de l'information est non seulement la chose principale. La principale chose est de savoir comment le cerveau traite les informations. Comment la mémoire conserve les informations que vous venez digérer ? C'est là que vous avez besoin d'utiliser des méthodes cognitives pour conserver les informations dans votre cerveau.

D'autres méthodes permettant d'éviter la surcharge d'information sont;

Limiter la quantité d'e-mails et les bulletins d'inscription

Malgré la baisse du nombre de courriels qui sont envoyées et reçues, une quantité considérable de courriels déborde encore votre boîte de réception. L'utilisation du courrier électronique a causé beaucoup de consacrer leur temps à les lire et de préparer des réponses. Afin de limiter cette dépendance e-mail, limiter le nombre de bulletins inscriptions et le travail sur le tri de vos mails. Vous ne devriez pas lire tous les e-mails qui tombe dans votre boîte de réception. Trier vos e-mails en fonction de l'importance dans des dossiers et de supprimer les messages inutiles. Faire ces vient avec la discipline. Ce qui signifie que si vous manque la discipline, vous ne serez pas avoir le courage de trier vos e-mails. Désactiver toute notification par courrier électronique, en particulier sur votre téléphone, car il est la première source de distraction.

Réduire l'utilisation fréquente des médias sociaux et désactiver les notifications médias sociaux

Pour les profils individuels, il est nécessaire que vous donniez la priorité des mises à jour de personnes que vous connaissez et désactiver toutes les notifications. Notifications vous permet de vérifier rapidement ce que la notification est sur le point. La plupart du temps, vous êtes coincé en train de faire d'autres choses sur les médias sociaux comme bavarder avec d'autres amis en ligne, lire les nouvelles, regarder des vidéos virales, etc. Les notifications sont distractions et doivent être complètement désactivé ou la priorité à l'efficacité. La clé ici est l'utilisation de la limite et la quantité d'informations partagées par des amis.

Réglementer la quantité de temps que vous passez sur Internet

L'Internet est un endroit très vaste avec beaucoup d'informations provenant de sources fiables et peu fiables. La plupart du temps, les informations que vous cherchez sur Internet sont des nouvelles. Pour réduire combien vous comptez sur Internet pour les nouvelles, choisissez une source fiable de nouvelles et inscrivez-vous pour leurs bulletins d'information. De cette façon, vous êtes sûr que les nouvelles que vous allez obtenir ne sont pas seulement des nouvelles fausses ou non vérifiées. Dans le cas de faire une recherche approfondie, utiliser Internet à bon escient et avec modération.

Mettez vos pensées à papier

Quel que soit ce qui se passe dans cet esprit de la vôtre, assurez-vous de l'écrire. Ces pensées sont interférées avec votre capacité à se concentrer. Ensuite, fixer des priorités claires. Déterminer s'il y a des tâches qui peuvent être complétés ou non dans un laps de temps donné. Commencez par le plus petit et Ascend. Écrire vos pensées vers le bas efface votre esprit et libère l'espace mental pour d'autres activités mentales.

Groupe Tâches similaires Ensemble

Semblable à prioriser les tâches. Effectuer des tâches similaires en cours d'exécution. Si vous prévoyez de voir un ami dans la rue et vous rappeler que vous avez une ou deux choses pour obtenir dans un supermarché, les faire à la fois. Il améliore l'efficacité du temps et des ressources. Il vous permet d'être concentré et finir vos tâches en peu de temps.

Évitez multitâche

La simple vérité est multi-tâches est mauvais et trompeur. TROMPEUSES dans le sens où il est fait vous supposez que vous gérez réellement le temps et les ressources de manière efficace. Alors, il vous coûte plus cher. Cela ne vous coûte plus de temps, plus de ressources et vous finissez de remplir les tâches demi-cuite au four.

La commutation entre les tâches est aussi exhaustive qu'un athlète non professionnel courir un marathon. Multitâche vous fait sentir déformé et désorganisé. Prenez une tâche à la fois. Remplissez avant de commencer une autre. Prenez un peu de repos entre chaque tâche. Il maintient votre cerveau ravitaillé pour les tâches suivantes.

Commencez la journée avec un positif Manset

Avez-vous déjà remarqué que les décisions que vous prenez et comment vous préparer votre matinée détermine la façon dont le reste de la journée irait ? Les matinées sont temps calme pour vous de faire quelques réflexions et faire des choix de la journée. Ne pas hésiter à prendre des décisions dans cette période. De même, ne pas commencer votre journée sur une mauvaise note. L'énergie pour commencer les luttes de la journée est le plus élevé le matin, mettez donc à une bonne utilisation. Faites des exercices. Faites des activités qui gardera votre brillante du matin et facile à vivre. Décision seulement faire qui sont nécessaires et immédiates. Ne pas passer la moitié de votre temps, délibérant sur la raison pour laquelle vous devez prendre certaines décisions. Ils sont égouttoirs énergie.

Repose toi

Nous avons parlé d'avoir un peu de repos entre-deux tâches. Faire cela augmente vos niveaux d'efficacité et de concentration sur le long terme que ceux qui ne le font pas. Votre cerveau est ravitaillé à chaque intervalle de repos. Donc, en prenant une petite pause est un grand pas à être plus créatif et productif sur votre lieu de travail. Cela peut sembler stupide et contraire à l'éthique si vous êtes vu faire une sieste pendant les heures de bureau ou à l'école, mais il est très efficace. Une sieste 15-30 minutes augmente votre QI de plus de 10 points.

Chapitre 4

Comment Declutter votre esprit

L'esprit est un outil puissant qui peut façonner votre vie et de la réalité. S'il est encombré avec des négatifs, alors vous êtes zéro progrès et la régression progressive. Il n'y a absolument rien de pire que d'avoir un esprit encombré. Il vous déraille, draine votre énergie et vous fait rien d'autre que la douleur et la souffrance. Vous faites les choses très peu parce que votre esprit est encombré, se déplaçant dans des directions différentes et penser à beaucoup de choses à la fois. Si vous avez un esprit encombré, vous devenez floue et incapable d'atteindre vos objectifs.

Un esprit est encombré évidemment occupé par des choses qui ne bougera pas votre vie avant. Il occupe l'espace mental que vous auriez pu utiliser pour faire des choses plus progressistes et penser plus progressivement. Si vous avez un esprit encombré, vous avez tendance à se concentrer sur les pensées négatives et l'inquiétude sur les choses que vous sentez que vous pouvez contrôler, mais il est évident que vous ne pouvez pas. Vous tenez aussi à des émotions négatives, et votre esprit est toujours déformée. Un esprit vous retire de encombrés réalité présente et vous garder empêtré dans le fruit de votre imagination. Ce que vous devez faire est de désencombrer l'esprit que la vôtre, libérez les barrages routiers dans votre tête et lâcher quelques habitudes.

Alors, comment une personne peut-désencombrement son / son esprit ? Comment une personne peut se débarrasser de l'excédent de bagages qui occupe l'esprit créatif et le rendre impuissant de penser à la réussite ? Comment pouvez-vous laisser partir des habitudes mentales qui est, en gardant Unfocused indécise et vous obligeant à être improductif ?

Penser positivement!

Il faut beaucoup de penser positif. C'est parce que nos cerveaux sont câblés à penser positivement que négativement. 80% d'environ 60 000 pensées qui ruminent dans l'esprit sont des pensées négatives. Cependant, rien de bon sort négatif de la pensée. Peu importe la façon dont le cerveau est câblé, vous pouvez décabler à penser positivement souvent. Les pensées négatives sont dangereuses, le mal et quelque chose que vous devez vous débarrasser de par tous les moyens possibles. Un esprit encombré donnera dans la pensée négative, donc la première étape à désencombrer votre esprit est positif par la pensée.

Pour que vous puissiez commencer à penser positif, vous devez cultiver un état d'esprit positif. Le pouvoir de créer et détruire commence à partir de l'état d'esprit. L'état d'esprit est le cadre de l'esprit et abrite le modèle auquel vous pensez. L'adoption de la bonne mentalité va agir comme un bouclier contre toute pensée négative et les bagages qui peuvent dévorer l'esprit. En adoptant un état d'esprit positif, vous enfermer tout ce qui est préjudiciable à votre succès et de progrès. La vérité est un esprit encombré pense rien de positif ou progressive. Il / elle est dans une boucle de ses / ses pensées. C'est, une telle personne va tourner en rond. Lorsque vous avez un état d'esprit négatif, votre fermant les portes des opportunités, des idées à votre visage. A la fin, vous n'avez rien. Libérez de cet esprit de la vôtre par la pensée positive.

L'un des moyens simples mais efficace de penser positif en affirmant positivement. Les mots sont puissants. Quand vous regardez constamment vous-même dans le miroir et dire un mot ou deux positivement, les chances sont que vous êtes prêt à relever les défis et les obstacles que vous pouvez rencontrer ce jour-là. Toutes les pensées négatives ou tout ce qui va garder votre esprit occupé est inutilement mis de côté parce que vous avez affirmé que vous allez faire et que vous ne vont pas laisser cela vous arrive. La pensée positive positif, l'affirmation est l'une des façons de contrôler vos pensées et tout shun qui encombrent votre esprit.

La pensée négative ne peut être entièrement arrêté, peu importe comment vous essayez. Cela fait partie de la psychologie humaine de penser négatif parfois, mais le but est de penser plus souvent, de manière positive. Penser de façon plus positive, vous devez réduire votre façon de penser négatif. Une partie de l'équation équilibre l'autre. Vous ne pouvez pas penser négativement et positivement à un niveau égal. L'augmentation conduit à la diminution de l'un.

Une autre façon de penser positif et shun un esprit encombré est en se livrant à des séances d'entraînement. Si vous n'êtes pas le type occupé ou le matin pour le type de travail du soir, vous pouvez consacrez 20-45 minutes de votre temps et de la tête à la salle de gym. Il efface votre esprit, égayer votre matin et boire une bonne pensée dans votre esprit. Si vous ne pouvez pas la tête à la salle de gym, vous pouvez faire un simple footing du matin. Il répudier toute chance de vous avoir à penser négatif ou d'avoir un esprit encombré pour le bien. Il recentrera votre esprit et canaliser votre énergie dans la réalisation de vos objectifs.

Une autre façon de penser est positif par vous-même avec la société environnante positive. Bien sûr, vous savez que les gens sont grandement influencés par la société qu'ils gardent. Votre entreprise peut soit vous garder heureux ou sombre. Ils peuvent vous influencer positivement ou négativement. Si vous êtes dans une entreprise de mauvaises personnes ou userions, votre tête sera remplie de choses hors de propos, dérangeant. Nous vous rappellerons des choses que vous ne voulez pas. Vous serez contraint de faire des choses que vous n'êtes pas prêt, au nom des suggestions. Votre esprit sera si encombré que vous pouvez devenir déprimé, stressé ou même développer une forme de maladie à l'autre. Si vous devez changer votre cercle d'amis pour éviter d'avoir un esprit encombré, faites-le. Ils agissent comme un effet dissuasif sur vos objectifs, l'ambition et le progrès.

Une autre façon efficace pour désencombrer votre esprit est en adoptant la pause et technique respirer. Cela signifie simplement que lorsque votre tête est sur le point d'exploser de nombreuses pensées, prendre une minute, pause et prendre une profonde respiration. Répéter l'opération deux ou trois fois. Vous ferez l'expérience une sorte de soulagement en vous-même. Vous verrez que vous êtes devenu meilleur, plus orientée vers un but et ciblée.

Vous pouvez également vous distraire lorsque vous voyez que votre pensée a été encombré. Pensez-vous faire quelque chose de fou, que vous ne pouvez pas imaginer faire. Mieux encore, vous pouvez appeler un proche, un parent ou un ami invité à dîner ou prendre un verre. Faire une de ces distractions désencombrer votre esprit et soumettre toutes les pensées qui ne contribuent pas au bien de votre bien-être.

Rappelez-vous, imbiber un état d'esprit positif afin de penser positif.

arrêt Penser trop

Comme le dit le dicton, la clé de la survie dans la vie est la modération. La pensée est bonne, mais quand vous exagérez le faire, il devient une menace. Rien d'étonnant de voir que tout dans la vie est centrée sur vos pensées. Penser trop est un problème critique et si vous devez désencombrer votre esprit, vous devez arrêter de penser trop. Vous devez arrêter l'analyse et sur l'analyse sur les mêmes pensées. Il n'améliore une situation. Au lieu de cela, il aggrave la situation.

Si vous êtes prêt à arrêter de commenter, analyser et aborder la question de penser trop, vous devez être conscient de vos pensées. Vous devez savoir que vous avez commencé à trop penser. Être conscient sonnera une cloche dans votre tête que vous outrepassent ou de franchir la limite de vos pensées. Tout ce que vous avez à faire est de vous ramener et se détourner de penser. Donc, avant de commencer à trop penser, vous êtes déjà prêt à l'empêcher de vous accabler. Vous pouvez empiler les activités que vous pouvez utiliser pour la contrer. Mieux encore, vous pouvez vous distraire en redirigeant votre esprit vers quelque chose qui est amusant et intéressant.

Une autre méthode efficace pour arrêter Penser trop est réaliste. Face à des situations avec pragmatisme et ne pas le laisser avoir le contrôle sur vous. Être réaliste se penche sur un problème tel qu'il est et ne pas gonfler la solution. Être réaliste est pas de problèmes soufflant hors de proportion. Lorsque vos attentes sont élevées et le résultat ne vient pas votre chemin, vous résultat à penser trop. Être réaliste; ne soulèvent pas vos espoirs trop.

Une autre façon d'arrêter Penser trop est de laisser vous savez que vous ne pouvez pas être dans le contrôle de chaque situation. Parfois, on ne peut pas toujours avoir ce que nous voulons. Il y a des situations que vous avez tout simplement aucun contrôle. Donc, quand vous voyez résultat négatif dans une situation, ne paniquez pas. Vous pouvez vous plaindre un peu, mais ne permet pas la chose la plus importante, il a le contrôle sur la façon dont vous voyez toute autre chose. Vous pouvez choisir comment réagir face à des résultats négatifs. Si une situation est hors de votre contrôle, ne prenez pas la responsabilité si elle finit par échouer. Il suffit de laisser aller, apprendre et passer à autre chose. Ne pas penser trop-il.

Penser trop vient de vous être trompé que tout est sous votre contrôle. Il ne fera que créer plus de problèmes, vous causer plus de troubles et de jouer le blâme de jeu avec vous. Plutôt se concentrer, sur la recherche de solutions et l'apprentissage des moyens pour éviter de tels problèmes, il doit se produire. La même chose vaut pour l'avenir. Vous ne pouvez pas contrôler ce que vous ne pouvez pas prédire. Même si vous réussissez à prédire, il est juste une prédiction. Il est soumis à un changement. Certaines choses ne sont pas planifiées, vous ne pouvez pas toujours préparer à l'inattendu. Certaines choses valent mieux laisser la façon dont ils sont. Alors penser trop arrêt et se soucier de l'avenir. La plupart des gens qui se livrent à ce pensent toujours qu'ils sont parfaits. Ils veulent que les choses aillent comme ils ont conçu, mais il ne fonctionne pas toujours comme ça. Alors arrêtez d'être perfectionniste. Vous ne serez jamais faire des progrès en étant l'un vous ne pouvez pas toujours préparer à l'inattendu. Certaines choses valent mieux laisser la façon dont ils sont. Alors penser trop arrêt et se soucier de l'avenir. La plupart des gens qui se livrent à ce pensent toujours qu'ils sont parfaits. Ils veulent que les choses aillent comme ils ont conçu, mais il ne fonctionne pas toujours comme ça. Alors arrêtez d'être perfectionniste. Vous ne serez jamais faire des progrès en étant l'un vous ne pouvez pas toujours préparer à l'inattendu. Certaines choses valent mieux laisser la façon dont ils sont. Alors penser trop arrêt et se soucier de l'avenir. La plupart des gens qui se livrent à ce pensent toujours qu'ils sont parfaits. Ils veulent que les choses aillent comme ils ont conçu, mais il ne fonctionne pas toujours comme ça. Alors arrêtez d'être perfectionniste. Vous ne serez jamais faire des progrès en étant l'un

Pour désencombrer votre esprit, sachez toujours que des situations négatives sont parfois inévitables et que vous avez aucun contrôle que ce soit au-dessus de se produire.

Une autre façon d'arrêter Penser trop est en se débarrassant des émotions négatives. Les émotions négatives vont main dans la main avec penser trop. La plupart du temps, lorsque vous pensez trop, il y a cette émotion que les nuages vous et est jamais bon. Par exemple, si vous songez à la perte d'un ami proche ou un membre de la famille, les émotions habituelles que vous obtenez sont regret, le ressentiment et la tristesse. Vous sentez que vous auriez dû être là pour personne un tel. Que diriez-vous que vous déviez vos émotions à autre chose ? Que diriez-vous que vous canaliser vos émotions en quelque chose de plus positif ? Parfois, quand vous tuez ces émotions négatives, vous arrêtez soudainement trop réfléchir. Les émotions viennent avec penser trop, donc si vous tuez un, l'autre est tué aussi.

Il y a l'aspect multi-tâches. Faire plus d'une tâche en même temps vous fait penser trop et le stress de votre cerveau sur. Vous pouvez penser que vous enregistrez le temps, mais la vérité vous est compliquez questions pour vous-même. Si la tâche est terminée au petit bonheur, il y a une chance que vous pourriez avoir à répéter à nouveau

Dans ce cas, vous avez perdu le temps que vous auriez pu utiliser pour une autre tâche. Multitâche réduit la productivité et composés votre cerveau avec des activités. Vous avez tendance à perdre le focus et à la fin, vous ne réalisez pas un succès à 100% dans vos tâches.

Une façon d'arrêter multitâches à vous assurer de ne pas est penser trop en fixant des priorités claires. Vérifiez votre liste des tâches, sélectionnez celui que vous pouvez accomplir plus rapidement. Ensuite, la liste est longue jusqu'à ce que vous ayez terminé. Faire une tâche à la fois veillera à ce que vous n'avez pas une surcharge mentale. Après avoir terminé chaque tâche, vous cochez. Elle conduira à une plus grande productivité et une meilleure organisation, parce que les chances de répéter une telle tâche est au plus strict minimum.

Méditation

La méditation est une approche commune des gens utilisent pour obtenir leur esprit et leur corps détendu. Il est une méthode utilisée pour former l'esprit pour atteindre un état clair et stable, dépourvu de tout encombrement. La personne utilise des techniques telles que la pleine conscience, ou diriger l'esprit de se concentrer sur une activité spécifique ou d'un objet. Il y a tellement de raisons pour lesquelles vous devriez méditer. Par exemple, 10 - 15 minutes La méditation diminue l'anxiété, augmenter la rétention de la mémoire et l'apprentissage, réduire les émotions négatives et les tensions et augmenter le flux sanguin. La méditation est l'un des facteurs clés à employer si vous devez désencombrer votre esprit.

La méditation est comme vous regardant dans le miroir et le questionnement qui vous êtes, ce que vous êtes, ou où vous allez. Il est d'examiner votre homme intérieur, en essayant de déterminer qui vous êtes réellement et pourquoi vous êtes qui vous êtes. Si vous devez pratiquer la méditation, il est préférable que vous le fassiez dans un endroit calme. Un endroit où vous pouvez sentir la nature et tout ce qu'il a en dessous. En effet, la nature sera toujours la nature. Il n'a pas de substitut et vous rafraîchit. La méditation aidera alléger le fardeau sur l'épaule, se débarrasser de tout encombrement dans votre esprit et vous aider à définir clairement vos priorités. Il sera également resté concentré et de réduire toute forme de distractions. La méditation peut améliorer votre productivité, vous aider à comprendre votre esprit à canaliser plus vers la positivité et vous garder le contact avec vous et votre environnement. La méditation vous aide à être mentalement alerte et conscient de vos sens et votre état du corps. La méditation améliore le bien-être général d'un individu.

Il existe plusieurs types d'experts de la santé de la méditation et spiritualistes ont développé au fil des ans. Cependant, nous allons discuter des types communs qui se pratique plus.

Les types les plus courants de la méditation sont les suivants :

- Scanbody méditation - La méditation de la tavelure du corps est une pratique qui permet aux gens de se concentrer sur les différentes parties de leur corps à libérer la tension. Autrement connu comme la méditation progressive, la personne commence en se concentrant sur une partie de leur corps, généralement de la tête et de travail à travers jusqu'à ce que leurs pieds.

- Méditation Pleine conscience - Ce type de méditation est utile contre les sentiments spontanés. Il encourage la personne à être actifs et conscients de leur environnement. Pleine conscience est utile contre les émotions négatives de, améliore la mémoire et améliore la santé.

- Souffle La méditation de sensibilisation - L'utilisation de la respiration pour atteindre un état métallique stable est connu comme la méditation de conscience de la respiration. Comme la pleine conscience, la méditation de conscience de la respiration améliore la concentration, à réduire l'anxiété et la dépression et améliore la sensibilisation.

- Méditation Zen - Ce type de méditation a été utilisé par des fidèles bouddhistes. Ce type de méditation implique une série d'étapes qui nécessite un certain niveau de discipline pour pouvoir l'utiliser. Il est plus d'une méditation religieuse.

- Metta Méditation - L'amour - la méditation de la bonté est utilisée pour imprégner l'attitude de bonté ad amour dans tout ce que la personne fait. La personne ouvre son esprit à recevoir de l'amour et de bonté, puis, se propager à d'autres. Il est écru être pour ceux qui ne savent pas comment l'amour ou qui ne comprennent pas ce qu'est l'amour.

- Kundalini Yoga - Cette forme de méditation améliore la santé mentale et réduit les problèmes liés au stress. Il est fait en pratiquant l'art de la respiration profonde et mantras. Un mantra est un mot ou une phrase que vous répétez à entrer dans un état méditatif.

- La méditation transcendantale - Cette méditation est semblable à la méditation de conscience de la respiration. Le but de cette prise de conscience est la personne à élever au-dessus de son état d'être. La personne utilise un ensemble de mots répétés ou mantra pendant la méditation, jusqu'à ce qu'une telle personne soit dans un état de méditation profonde.

La méditation est assez simple à la pratique. Comme nous l'avons expliqué, si vous voulez méditez, vous devez chercher un endroit calme, proche de la nature à le sentir. Un environnement paisible vous permettra de mieux se concentrer et d'éviter toutes les distractions que ce soit. Vous pouvez accompagner votre méditation avec une musique douce et calme si vous voulez. L'étape suivante consiste à mettre des vêtements confortables. Le port de vêtements TRG vous déconcentrer, ce qui est un ingrédient majeur pour la méditation. Être aussi confortable que possible est nécessaire pour la méditation.

L'étape suivante consiste à décider combien de temps vous wiling à consacrer à la méditation. Le temps recommandé est généralement de 20 minutes, deux fois par jour, mais vous pouvez choisir votre temps flexible. La chose la plus importante est de décider du temps et de s'y tenir. La méditation prend la pratique et le temps avant d'arriver à voir les résultats. En outre, trouver un moyen pacifique de ne pas se laisser distraire par vous, toujours vérifier le temps. Régler une alarme pour vous avertir lorsque votre temps de jeu est en place. Faites un suivi avec un bref exercice

Vous dégourdir les jambes pour libérer des articulations. Vous allez être assis dans un endroit pendant une longue période, vous avez donc besoin de se débarrasser des souches et la raideur qui agissent comme une distraction. Étirez vos articulations, surtout les cuisses. Rappelez-vous d'enlever vos chaussures. Vos pieds doivent sentir le sol.

Asseyez-vous dans la meilleure position. Rappelez-vous, l'objectif est ici de méditer, donc vous assurer que vous obtenez dans l'endroit le plus confortable. La plupart des gens choisissent de rester dans le sol, avec ou sans croiser les jambes. Chaque fois que vous vous asseyez et cependant, essayer de redresser la colonne vertébrale. Cela permettra d'assurer que vous êtes à l'aise.

Fermez vos yeux et se concentrer sur votre respiration. La respiration est la façon la plus courante de la méditation. Respirez normal. Il n'y a pas de technique particulière de la respiration qui est nécessaire pour la méditation. Pendant que vous respirez, concentrez-vous sur certaines images dans votre esprit. Vous pouvez imaginer quoi que ce soit, aussi longtemps qu'il suit votre respiration. Vous pouvez essayer le corps technique de balayage lorsque vous essayez de se concentrer sur les différentes parties de votre corps de la tête aux pieds pour la détendre. Maintenant, utilisez la technique de mantra. La technique de mantra implique que vous utilisez un jeu de mots ou d'exclamations répétées jusqu'à ce que votre esprit soit dans un état calme. Vous pouvez silencieusement répéter des mots comme « paix », « tout », ou utiliser des mots de méditation traditionnels comme « Chit », ce qui signifie la conscience. Lorsque vous faites cela, vous devriez remarquer votre esprit vagabonder sans vous penser consciemment de celui-ci. Il vous montre à quel point l'esprit se déplace. Chaque fois que cela se produit, essayez d'apporter votre dos d'esprit à l'objet de mise au point. Si votre objectif était votre souffle, essayez de vous concentrer errer l'esprit de revenir à votre souffle. Vous pouvez vous endormir, mais ne vous inquiétez pas. Quand vous vous réveillez, prenez une grande respiration et essayer de revenir à ce que vous rappeliez dernière. Lorsque l'alarme se déclenche, ouvrez doucement vos yeux et attendre. Vous vous sentirez une sorte de fardeau a été levé sur vos épaules. Remarquez comment vous êtes devenu différent et comment vous étiez avant de méditer. Vous pouvez essayer cette fois ou deux fois tous les jours et assurez-vous méditez dans le même temps de sorte qu'il sera plus facile de l'intégrer dans votre emploi du temps quotidien. Prenez une grande respiration et essayer de revenir à ce que vous rappeliez dernière. Lorsque l'alarme se déclenche, ouvrez doucement vos yeux et attendre. Vous vous sentirez une sorte de fardeau a été levé sur vos épaules. Remarquez comment vous êtes devenu différent et comment vous étiez avant de méditer. Vous pouvez essayer cette fois ou deux fois tous les jours et assurez-vous méditez dans le même temps de sorte qu'il sera plus facile de l'intégrer dans votre emploi du temps quotidien. Prenez une grande respiration et essayer de revenir à ce que vous rappeliez dernière. Lorsque l'alarme se déclenche, ouvrez doucement vos yeux et attendre. Vous vous sentirez une sorte de fardeau a été levé sur vos épaules. Remarquez comment vous êtes devenu différent et comment vous étiez avant de méditer. Vous pouvez essayer cette fois ou deux fois tous les jours et assurez-vous méditez dans le même temps de sorte qu'il sera plus facile de l'intégrer dans votre emploi du temps quotidien.

La méditation n'a pas besoin de faire partie de votre programme avant de le faire. Vous pouvez pratiquer la pleine conscience à tout moment pour se débarrasser du stress ou des troubles émotionnels. Ce que vous avez besoin est de prendre une minute ou deux, se concentrer sur votre respiration et vide que les émotions négatives de la vôtre. Essayez de prendre conscience des événements autour de vous. Il améliore la pleine conscience. La méditation n'est pas fixée résultat. Il se concentre plutôt sur l'état présent à ce moment-là. La méditation est une pratique qui prend du temps à maîtriser. Vous vous sentirez comme arrêter de fumer à un moment, mais la pratique apportera des effets. Il est l'une des meilleures façons de désencombrer votre esprit et libérer de la charge.

Pleine conscience sera discutée plus au chapitre 8 de ce livre.

Pen vos pensées sur papier

Si vous voyez que ces pensées de la vôtre ne peuvent pas arrêter flottant autour de votre cerveau, trouver un papier, les écrire. Ceci est l'un des moyens les plus efficaces pour désencombrer votre esprit. Les écrire sur une passe libérera votre esprit d'avoir à les stocker ou ruminer sur eux.

La même chose pour une personne qui pense régulièrement de nouvelles idées ou des solutions à un problème. Au lieu d'empiler tout dans votre esprit, d'un ordinateur portable ou un journal et les écrire. Lorsque vous empilez des idées dans votre tête, il devient difficile de les traiter et de les gérer efficacement, car ils sont lourds. Si vous avez un endroit où vous écrivez vos pensées et vos idées, il deviendra plus facile pour vous de les trouver et les évoquerai un à la fois, au lieu de les traiter à la fois.

Nous avons fait mention de revues de conservation. Oui ! Tenir un journal est une bonne façon de désencombrer votre esprit, ce qui crée un espace dans votre tête pour accueillir d'autres activités mentales. Journaling est une façon de se détendre l'esprit et aide à garder l'organisation de vos pensées. Selon une recherche publiée, l'écriture de vos pensées positives ou négatives sur un journal vous donnera une meilleure chance d'y faire face. Il améliore la mémoire et efficace dans la gestion de la dépression, anxiété, les émotions négatives et d'autres questions liées au stress. Journaling créer une prise pour vous de libérer les tensions et ces émotions. Vous pouvez employer toute technique d'écriture pour la journalisation et il sera ok. Tant que vous avez fait vos points. Vous n'avez pas besoin d'être un expert de tenir un journal.

Sommeil

Si vous avez un brouillard de cerveau, ont une difficulté assimilant les idées ou la pensée droite, les chances sont que vous avez besoin de dormir. Les bienfaits du sommeil sont nombreux et est quelque chose qu'on ne peut jamais se passer. En effet, lorsque vous ne dormez pas, vous causez directement vos cellules du cerveau meurent. Lorsque vous ne dormez pas, vous vous privez de générer de nouvelles idées. Vous vous obligeant à être improductif au travail. Et puis, votre capacité de penser sera directement entravée. Vous souffrez défaillances mentales partielles ainsi. Le sommeil aide à améliorer votre état mental et augmenter votre niveau de concentration. La bonne chose au sujet du sommeil est que vous n'avez pas besoin de dormir pendant de longues heures pour obtenir votre cerveau et vous rafraîchir. A 30 minutes sieste pourrait être juste ce dont vous avez besoin. Essayez d'obtenir un peu de sommeil si vous devez désencombrer votre esprit.

Apprendre à être Décisive

Avez-vous été dans une situation où votre tête est remplie de pensées et vous êtes incapable de comprendre quoi faire ? Si vous travaillez dans un bureau et votre table regorge de demandes, des lettres et des factures et vous ne vous présentez pas immédiatement à eux, ce qui se passe ensuite ? Bientôt, votre table sera remplie tant que vous ne voudriez pas voir la surface de votre table. Si vous éprouvez cela, avez-vous une décision immédiatement ? La réponse évidente ne sera pas.

Le simple fait est quand votre tête est encombrée, vous ne pouvez pas prendre des décisions rapides. Être incapable de prendre une décision vous fera empilez plus de pensées dans votre tête, accumuler plus de documents sur votre table. De ce fait, ce qui aggrave votre processus de décision. A la fin, il est difficile de choisir qui de décider. Plus vous retardez, plus il devient difficile. Vous remettre à plus tard et vos décisions Devient en attente. Tout à fait d'accord, certaines décisions sont simples, tandis que d'autres sont difficile, mais si vous ne prenez pas un pas, quelles que soient les conséquences, vous deviendrez une victime de la paralysie de l'analyse.

Parfois, le facteur qui cause les décisions retardées est la peur. Peur de l'échec. La peur de votre décision d'obtenir un résultat négatif. La peur de vous répéter la même erreur encore et encore. Tout simplement parce que vous avez fait une mauvaise décision une fois, ne signifie pas que vous retenir de faire d'autres choix de vie. Les erreurs ne se produisent. La vie est pleine de choix et parfois, vous ne faites pas toujours les bonnes décisions. Un esprit déluterez est toujours en train de revivre les erreurs du passé.

Si vous éprouvez des difficultés de prendre une décision, utiliser les avantages et les inconvénients approche de la liste. Faites une liste des effets positifs et des effets négatifs de la prise de décision d'un tel. Lorsque vous arrivez enfin à une réponse, ne regardez pas en arrière. Simplement fais-le !

Réglez une minuterie pour vos soucis

Définir un moment donné et le moment pour vous d'épancher tous vos soucis. Son tout à fait naturel de s'inquiéter. Il pourrait être un jour particulier de la semaine ou une heure par jour. La chose la plus importante est de choisir un moment opportun où vous pouvez aller sur des choses que votre esprit ne peut pas laisser aller. Ne laissez aucun souci ou pensées dos. Versez-le tout. Incorporer le temps de réfléchir sur vos pensées dans votre horaire quotidien. Lorsque vous faites cela, vous ne donnez pas votre temps de ruminations submerger votre esprit et contrôler votre vie.

Réglementer la quantité d'informations assimilées

Votre esprit est déjà composé avec des pensées et des informations. Pourquoi voudriez-vous assimiler plus encore quand votre cerveau n'a pas traité toutes les informations sensorielles dans votre esprit ? Ce sature votre cerveau avec des informations. Passer votre temps de lecture en ligne, discuter sur les médias sociaux, et de faire plusieurs autres activités en ligne ne finissent par consommer votre cerveau avec des informations. Limiter la quantité de temps que vous passez sur les médias sociaux et en ligne. La surcharge d'information Cutter votre cerveau, vous obligeant à être soumis à une contrainte, anxieux et déprimé. Organisez-vous et vos tâches. Terminer une tâche avant de commencer une autre. Évitez multi-tâches !

Nutrition et exercices

Le type de nourriture que vous mangez détermine le niveau de vigilance et activées du cerveau. Il a un effet sur la façon dont le cerveau est en bonne santé. Certains aliments dégénèrent cellules du cerveau et les résultats aux maladies du cerveau telles que la maladie d'Alzheimer. Les aliments gras et frits repas affecte la santé mentale et le bien-être d'un individu. Il augmente le taux de dépression et de l'anxiété et obstrue votre cerveau. Si vous devez désencombrer votre esprit, éviter de manger des aliments qui sera préjudiciable au bon fonctionnement du cerveau. Mangez plus de fruits, les légumes, les poissons gras, les baies, le café, les œufs, les noix et les repas légers. Ces aliments ont les ingrédients nécessaires pour stimuler les fonctions cérébrales et à accélérer le processus du cerveau. Ils contiennent des antioxydants, des vitamines et des acides gras oméga 3. Manger de la nourriture de saisir tard, l'alcool, et ne pas suralimenter. Assurez-vous que vous n »

Souvent l'exercice. Elle conduit à une meilleure concentration et l'acuité mentale. La combinaison des exercices et la bonne nourriture est une excellente façon de prolonger les cellules du cerveau. Des exercices comme le yoga, est utile pour atteindre un état stable de l'esprit et du corps. Des exercices réguliers sont antidotes pour la dépression, l'anxiété et la faiblesse du corps.

Prendre un certain temps

Faites une pause du travail, des affaires, de tout ce qui est vous tenir occupé. Votre cerveau a besoin de se reposer, se rafraîchir, et dégagé de toute activité liée au travail. C'est ce dont vous avez besoin au moment; un peu d'espace pour être libre et profiter de la nature. Vous pouvez prendre un court séjour ou une longue à la plage, à certains endroits, vous n'avez pas ou même payer vos parents une visite. Tout simplement explorer et amusez-vous !

Il est difficile de désencombrer votre esprit. L'utilisation de ces étapes prend du temps, mais efficace. Compte tenu de ces étapes effacera votre esprit et vous aider à construire de bonnes habitudes mentales. Ils augmentent votre productivité et améliore votre santé générale.

Chapitre 5

Comment Declutter votre environnement

Pour désencombrer votre esprit est une partie de l'équation, alors que pour désencombrer votre environnement est l'autre. Beaucoup de gens ne savent pas que vous pouvez également désencombrer votre environnement, tout comme leur esprit.

Sans faire les deux processus, il n'y a aucun moyen que vous allez laisser les encombrer délivra. C'est parce que votre environnement est un facteur important qui contribue à ceux qui le désordre dans votre tête. Désencombrement votre environnement et désencombrement Votre esprit !

Votre environnement a un impact majeur sur votre santé psychologique. Pour que vous puissiez être déclaré une personne en bonne santé, votre état mental et l'environnement doit être exempt de tout ce qui pourrait compromettre votre bien-être. Prenons, par exemple, si vous entrez dans un environnement qui ne sont pas correctement filtrées comme un étranger, et les chances sont que, dans vos quelques jours de séjour, votre environnement aura une incidence sur votre état de santé physique. Cela signifie que vous êtes susceptible de tomber malade. Pourquoi ? Parce que votre environnement actuel est en désordre, désordre et impur.

La même chose vaut pour les gens qui marchent dans une pièce qui est en désordre et encombrées. Vous êtes susceptibles d'être affectés par l'état de votre chambre. Alors qu'est-ce qui se passe quand vous ne pas ranger jusqu'à ? Vous êtes censé être stressé et devenir floue.

Au travail, vous pouvez être submergé par les tâches et d'autres que vous gérez habituellement. Qu'est ce qui a changé ? Vérifiez votre environnement. Il pourrait y avoir quelque chose qui réduire votre productivité. Votre bureau, ordinateur, ou même des collègues sont des choses qui peuvent vous rendre improductif. Tout ce qui vous entoure est votre environnement, et si cela ne vous aide, cela signifie que vous avez besoin de faire quelque chose. Désencombrement It Si elle est vous distraire de votre travail ou d'études, désencombrer le !

Une étude dans un journal ayant déclaré que plusieurs stimuli devant vous seront en compétition pour votre attention. Ceci est tout à fait vrai. Comme la chambre en désordre qui a été utilisé, par exemple, vous découvrirez que le désordre dans votre chambre finira par vous distraire si vous ne le faites pas désencombrement votre chambre. Alors que les encombrent Compètes pour votre attention, vous laisser distraire et devenir floue. Plus encombré votre environnement physique est, plus votre cerveau dépense d'énergie, filtrer ces choses dans votre environnement qui peuvent causer une distraction. Et à cause de cela, le cerveau ne peut se concentrer, penser ou résoudre des problèmes complexes. En d'autres termes, il est l'attention est détournée de réellement vous aider à obtenir une productivité accrue.

Nous savons que le cerveau est destiné à maintenir le corps en vie. Il est un élément de survie. Si le cerveau perçoit que votre environnement est rempli de choses qui pourraient saboter votre sécurité, il détourne son attention pour vous assurer que vous respirez encore. Cette productivité entrave. Le cerveau est occupé à la recherche d'éléments de survie, alors que votre productivité est en danger. La plupart des gens pensent qu'ils ont cette capacité unique de changement de distraction à leur travail sans aucun problème rapidement, mais c'est faux. C'est semblable à multi-tâches, et nous ne savons que vous ne pouvez jamais accomplir une tâche efficacement avec le multitâche. Votre cerveau ne peut pas passer d'une tâche à ou de votre distraction au travail sans passer par des difficultés. Votre distraction vous tire loin du travail à façon telle que vous ne pourriez pas vraiment préavis. Un environnement déluterez est un esprit déluterez ! Prenez note.

Rappelez-vous, l'encombrement ne doit pas être physique. L'image de fond peut être numérique aussi bien. Ils peuvent être vos trop de fichiers sur votre ordinateur, trop de vidéos inutiles, trop de programmes, ou trop d'applications sur votre téléphone. Ce sont des formes de distractions. Ils vous égarer et détourner votre attention du vrai travail ou une tâche que vous faites. Ils affectent votre productivité au travail et vous garder les choses importantes non focalisée.

Regardez cette statistique. Chaque fois que votre mise au point est entravée en raison de la commutation entre les distrayant tâches; votre attention n'est pas complètement de retour qu'après 23 minutes. En d'autres termes, il faut 23 minutes avant de récupérer votre attention après RODAGE distractions. Cela signifie que vous avez perdu 23 minutes de votre temps pour parvenir à l'achèvement d'une tâche, perdu le focus sur le démarrage d'un autre emploi, et même perdu du temps pour faire de l'argent pour vous-même et votre lieu de travail. Vous avez perdu la capacité d'atteindre votre plein potentiel.

Ce n'est pas si facile à désencombrer votre environnement. Si vous avez décidé de passer à l'étape de désencombrer votre environnement, sachez que vous serez dans un long trajet. Il faut de la discipline pour désencombrer votre environnement. Il ne suffit pas de jeter des papiers loin ou déplacer des boîtes à un coin qui désencombrer votre environnement. Il est d'avoir l'effort conscient et délibéré de changer votre environnement que vous vivez. Il ne se limite pas à seulement votre lieu de travail ou de résidence. Il est comme vous, cheminant de découvrir votre nouvelle auto pour le séparer de l'ancien moi.

Dans le chapitre précédent, nous avons appris des façons diverses humains peuvent efficacement désencombrer leur esprit. Dans ce chapitre, nous mettrons l'accent sur la façon de désencombrer l'environnement. Nous allons apprendre à désencombrer la maison et le bureau / lieu de travail.

Votre maison désencombrement

Se sentir submergé est facile, surtout si vous avez une maison de désordre. Il y a quelque chose que vous devez savoir sur quitter votre sale maison pour le travail ou l'école. En quittant votre maison en désordre aura une incidence sur votre efficacité au niveau de travail et de concentration. C'est parce que vous avez quitté avec l'idée que votre maison n'est pas propre, organisé, et ainsi de suite. Sachant que votre maison n'a pas été organisée avant de quitter instiller l'idée de ne pas vouloir revenir. Après tout, vous allez toujours revenir en arrière pour rencontrer cette maison en désordre vous avez quitté le matin. Alors, pourquoi la peine de revenir ? Vous n'avez pas l'attachement affectif, et cela risque de stress cause et videz votre énergie mentale, conduisant ainsi à improductivité.

Le regard Let les avantages de désencombrer la maison avant de procéder au processus de désencombrement.

Causes Accueil Votre désencombrement moins de stress

Comme expliqué plus haut, laissant la maison pleine de cutters augmentera votre niveau de stress et apporter improductivité. Juste pour que vous le savez, les hommes, par statistique, sont plus enclins à être dans un environnement encombré que les femmes. Donc, en tant qu'homme, vous devez vous-même accolade à prendre des responsabilités, ce qui rend votre maison aussi propre que possible. Mais, quand vous réalisez que votre maison est propre et bien rangée, vous partez avec une tranquillité d'esprit, et que les garanties la qualité de votre matin et ce jour-là au travail partirez.

Votre maison est organisée lorsque vous déluter votre maison

Avez-vous déjà remarqué un élément ou d'un bien disparu pendant des semaines, et vous trouverez tout à coup dans une armoire ou un tiroir abandonné, juste parce que vous avez décidé de nettoyer votre maison ? Trouver des choses devient plus détendue, et les choses ne vont pas dans la disparition de nouveau. Une fois que vous déluter votre maison, vous avez directement créé un espace pour se déplacer sans aucune perturbation.

Un moyen de domicile déluterez moins de nettoyage

Nettoyage tous les jours suffit à vous causer des souches et des douleurs articulaires. Plus une maison encombrée, plus vous trouvez qu'il est plus difficile à nettoyer. Vous êtes empêtré dans l'esprit comment et où commencer le nettoyage. Toutefois, si vous déluter votre maison, vous ne serez pas besoin de nettoyer votre maison à chaque fois. Cela signifie que vous auriez le temps pour d'autres tâches, autres que le nettoyage et la lourdeur mentale est soulevée de votre esprit.

Un délutera conduit à la maison à un mode de vie sain.

L'Association américaine des infirmières et infirmiers anesthésistes a publié une étude fascinante que les gens avec des maisons désordonnées sont environ 77% plus susceptibles d'être obèses que ceux dont la maison est bien rangée. Il est également important de noter qu'une maison pleine de désordre aura probablement une cuisine qui est plein d'aliments malsains comme des collations et autres aliments gras. Dès que cette personne se promène dans la porte de sa maison encombrée, un sentiment d'épuisement accable lui immédiatement. Une telle personne se / se retrouve dans un état de monologue négatif, puis, les pensées de ne pas savoir où commencer à suivre suivant.

Si vous déluter votre maison, ces pensées malsaines disparaissent. Votre santé mentale et la santé physique deviennent son, et il se traduira par une meilleure alimentation et un mode de vie plus sain de. Ils déciment toute forme de dépression et d'anxiété.

La dépression est réduite avec une maison déluterez

Les experts ont établi un lien entre le cortisol et l'encombrement. En d'autres termes, une maison encombrée augmente l'hormone du stress, le cortisol qui se traduit par la dépression et d'autres problèmes mentaux. Ceci explique pourquoi les gens les plus déprimés vivent dans une maison encombrée ou de caractère brouillon. Votre environnement reflète qui vous êtes, et qui comprend où vous résidez. Et untidiness manque d'organisation diminuent l'estime de soi et la confiance jour après jour d'une personne. Une maison encombrée rend peu attrayante pour les visiteurs car ils seront gênés à la fin de la journée. Vous commencez à vous sentir coupable et de jugement sur les inviter à un endroit qui est plein de désordre.

Une maison déluterez, d'autre part, renforce l'estime de soi, favorise l'esthétique, et à repousser toute dépression.

Une maison déluterez améliore la qualité de l'air

La qualité de l'air qui est distribué dans votre environnement est affecté si votre maison est encombrée. Avez-vous observé qu'une sorte d'odeur émane d'une maison en désordre, déchiré en lambeaux, et désorganisé ? C'est parce que vos possessions recueillent les particules de poussière, et ces particules augmentent le nombre de contaminants propagation dans l'air. En outre, étant donné que vos propriétés sont compactes, pas d'air est les pénétrait. Ainsi, vos possessions émettent une odeur.

En outre, la collecte des grains de poussière résulte de la toux, une irritation des yeux et de la saisie de la respiration. Les chances de développer des crises d'asthme augmentent également. Désencombrement votre maison va se débarrasser des nuages de poussière, la collecte sur vos propriétés. Arranger votre maison améliorera la qualité de l'air, qui se traduit par une vie plus saine. Une maison sans pollution est une maison saine !

Votre objectif est renforcé

Sans doute, vous aurez un esprit plus stable lorsque vous vous rendez compte que vous avez quitté une maison déluterez pour le travail ou l'école. Il reflète que sur vous-même et améliore l'estime de soi.

Une maison encombrée, d'autre part, conduit à la désorganisation totale de l'esprit. Votre esprit est assombri par des pensées, des objets et l'idée que votre maison est en désordre pour les visites. Votre esprit est possédé des solutions sur la façon d'obtenir votre propre maison après la fin de la journée. Tous ces concurrences pour votre attention, vous nier la capacité de se concentrer sur votre tâche.

Si vous décidez finalement de désencombrer votre maison avant de sortir, il est un signe certain que vous serez en mesure de se concentrer sur votre tâche et tout donner absolue.

Votre maison désencombrement signifie plus d'économies

Votre maison est susceptible de ne pas se rempli cher ou beaucoup d'articles que vous n'avez pas besoin lorsque vous désencombrement-il. Ce que cela signifie est, avec une meilleure organisation de la maison, vous saurez les choses que vous voulez et les choses que vous ne le faites pas dans la maison. Vous passez moins de temps à faire du shopping pour les articles. Il en résulte d'économiser plus et d'être libre de dettes.

Dans la plupart des ménages américains, selon une enquête réalisée en 2019, 29% sur près de 59% qui vivent par jour de paie de jour ont des dettes de carte de crédit. Donc, votre maison désencombrement se traduira par une meilleure gestion du budget, mieux votre épargne et vous aidera à se préparer en cas d'urgence.

Mais, si vous êtes dans des articles pour faire du shopping une maison surchargée, vous finissez par ce qui complique la situation. Vous ajoutez plus d'articles à une maison encombrées, créant ainsi plus encombre. Et cela rendra encore plus, plus difficile à obtenir votre maison déluterez.

Votre maison améliore désencombrement un bon sommeil

Votre qualité du sommeil est améliorée lorsque votre maison est délutée. Vous vous sentez à l'aise que votre espace de vie est exempt de toute saleté et encombre. Et cela rend votre capacité mentale à régler, et cela améliore votre qualité du sommeil.

Comment Declutter votre maison

Maintenant que nous avons examiné les avantages de votre maison désencombrement, nous allons faire preuve de créativité sur la façon de désencombrer votre maison. Ces simples, mais efficaces conseils vous aider à démarrer sur la façon dont déluter votre maison.

Déterminer le département de la maison que vous voulez commencer désencombrement.

Ceci est la première étape et avant tout que vous devez entreprendre. Vous ne pouvez pas désencombrement tous les domaines de la maison en un jour. Même si vous le faites, cela signifie que vous, quitter le travail, l'école ou cette tâche vitale que vous étiez censé poignée pour la journée. Il peut être si écrasante, si vous pensez que vous pouvez désencombrer votre maison en un jour, surtout si elle est votre première fois. Il peut aussi prendre beaucoup de temps, donc vous devez décider où vous allez commencer à partir désencombrement. Il pourrait être votre chambre à coucher, salle de bains, cuisine, salon, la salle à manger ou même le garage. Commencez par le plus facile afin que vous ne vous lassiez pas facilement. Ensuite, monter dans des zones plus difficiles. Lorsque vous avez choisi une zone à désencombrement, il est temps de passer à l'étape suivante sur cette liste.

Offrez-vous 5-10 minutes désencombrement période.

Decluttering est un processus graduel. Un processus que vous ne devez pas se précipiter. Vous pouvez consacrer 5 ou 10 minutes de votre temps chaque jour pour désencombrer votre maison. A mesure que vous, augmenter le temps et ajouter plus de tâches sur votre liste que vous allez sur. Par exemple, le premier jour peut-être 5 minutes. La seconde peut être 10, le troisième peut être 15, et ainsi de suite. Ne commencez pas désencombrement avec 10 minutes sur votre premier jour et passer 5 minutes le lendemain. Il ne fonctionnera pas. Avant de réaliser, vous trouvez qu'il est difficile de consacrer même une minute t désencombrement votre maison. Commencez par le plus rapidement possible (5 minutes au moins) et Ascend en conséquence.

Obtenez un sac poubelle prêt

Vous voulez vous débarrasser de ces éléments qui sont à l'origine de votre maison pour être encombrés. Obtenez un sac poubelle, les jeter à l'intérieur. Les vieux articles que vous sentez que vous ne voulez pas se débarrasser, de leur donner à la charité. Si vous allez stocker tout élément, obtenir de grandes boîtes. Les déplacer vers les endroits appropriés et créer de l'espace dans votre maison. Vous serez étonné de voir le nombre de sacs poubelles que vous avez enlevées.

Créez-vous voulez jeter à faire la liste des articles à la poubelle

Certes, il y aura un bon nombre d'articles dans des sacs poubelles que vous voulez vous débarrasser. Obtenez un papier, écrivez tous les éléments que vous voulez vous débarrasser de. Chaque élément que vous prenez à la poubelle les croix sur votre liste. En outre, il est important que vous créiez une tâche à faire la liste de toutes vos tâches, de sorte que vous traversez chacun que vous avez accompli. Comme vous vous débarrasser de chaque élément, les Cutter se réduit. La création de ces listes vous aidera à garder une trace des tâches que vous avez terminé et ceux que vous n'avez pas. Il est plus facile de désencombrement si vous avez une image où et comment commencer.

Consacrer pour supprimer un élément de tous les jours.

Chaque jour que vous décidez d'encombrer votre maison, essayez d'obtenir au moins un élément indésirable de votre maison. Imaginez faire cela pendant un mois ? C'est 30 articles. Pour ce faire, pendant un an, et vous devez avoir pour débarrasser de 365 articles. Que diriez-vous d'augmenter à 2 articles par jour ? En aucun temps, vous serez en mesure de désencombrer votre maison et obtenir ces articles jetés dans la poubelle. Votre maison restera complètement propre et sans poussière.

La même chose vaut pour le nettoyage de la maison. La plupart des gens qui font 9-5 emplois ont souvent du mal à nettoyer toute la maison, et il est tout à fait compréhensible. Il prendra votre temps. Si vous n'êtes pas en mesure de nettoyer votre maison, commencer par le nettoyage d'une partie. Vous pouvez simplement décider de nettoyer votre salle de séjour pour ce jour-là et nettoyer une autre chambre le lendemain. La chose la plus importante est d'établir un objectif et le bâton vers lui.

Prendre une photo

Ce n'est pas nécessaire, mais il est tout à fait utile. Vous pouvez décider de prendre une photo d'une zone encombrée, comme votre cuisine, puis, prendre une autre photo de votre cuisine. Cette fois-ci, un délutera un. Observer ces photos, et vous verrez la fierté que vous êtes devenu que vous avez commencé l'étape dans votre maison désencombrement.

Utilisez le système à quatre boîte

L'établissement d'un système plus facile à désencombrer votre maison que d'avoir aucune. Le système à quatre boîtes est un exemple de ces systèmes qui vous aideront à devenir plus efficace dans le nettoyage de votre maison. Obtenez quatre boîtes et de les étiqueter comme suit avec des descriptions;

- Donner : Ce sont des boîtes qui doivent être remplies de choses que vous n'avez pas besoin ou utiliser, mais sont toujours bien. En d'autres termes, ce sont des éléments que vous pouvez vendre en ligne ou faire un don à des organisations caritatives.

- Gardez : Ces boîtes doivent contenir des éléments que vous envisagez de garder. Ce sont des objets que vous ne pouvez pas faire sans. Ce sont les éléments que vous utilisez fréquemment. Des exemples de ces articles sont vos vêtements, système sonore, chaises, etc. Ils ont la plupart du temps un lieu fixe où ils sont conservés.

- Retour : Dans cette boîte, les choses qui sont mal placées dans votre maison doit être conservé dans cette case. Par exemple, votre savon ne doit pas être dans la salle de séjour. Vos couverts ne doivent pas être dans la salle de bain, et ainsi de suite. Ces articles doivent être conservés dans leurs endroits appropriés et non l'inverse.

- Trash : les objets ou biens qui ne valent rien doivent être conservés dans cette case.

Chaque chambre que vous entrez d'identifier les éléments qui doivent être placés dans leurs boîtes respectives. Tout élément du tout, quelle que soit sa taille, doit entrer dans leurs cases appropriées. Il peut prendre un certain temps, mais ça vaut le coup. Vous découvrirez des articles et va maintenant ce qu'il faut faire avec eux.

Ne pas avoir peur de demander de l'aide

Demander de l'aide d'un ami ou d'un parent est un moyen cool pour obtenir des suggestions sur la façon de désencombrer votre maison. Votre ami ou un parent peut passer par tous les éléments de votre maison et de suggérer que l'on doit être jeté, remis ou que l'on doit être maintenu.

Vous pouvez défendre vos raisons pour garder un tel élément, qui est tout à fait refroidir. Si votre ami ou un parent voir les mêmes raisons que vous faites, votre décision est valide. Dans le cas contraire, il est sage de se débarrasser de cet élément.

La meilleure chose à ce sujet est que votre ami ou un parent n'a pas besoin d'être un professionnel pour vous aider à vous débarrasser de tout encombrement. Juste que d'avoir quelqu'un à vos côtés tout au long du processus désencombrement sera plus facile et plus rapide pour vous de se débarrasser de certains éléments que vous avez des doutes se débarrasser.

Quel est le bon moment pour désencombrer votre maison?

Cette question est plus de personnel que général. Normalement, quand vous voyez comment désorganisé et déchiré en lambeaux votre maison est, il sonne une cloche dans votre esprit que votre maison besoin désencombrement. Pour certaines personnes, il n'y a pas de paramètres ou une sorte de signes qu'ils devraient désencombrer leur maison. Votre temps droit peut être mauvais moment d'une autre personne et vice versa.

Désencombrement est personnel, mais très important. Chaque maison dont il a besoin pour améliorer l'apparence de leurs chambres. Si vous voulez vivre une vie plus saine et de garder votre maison aussi bien rangée que possible, en faisant l'un de ces conseils désencombrement vous garantir le succès. Il pourrait ne pas être immédiate, mais avec certaines formes de cohérence et de courage mental, désencombrement sera beaucoup plus facile. Un équilibre entre votre personnalité et votre appartement résidentiel apporte une coexistence pacifique et vous influencer positivement, psychologiquement et physiquement.

Désencombrement votre espace de travail

Il n'y a rien de plus inspirant et énergisant que d'aller travailler pour répondre à votre bureau bien rangé. Un environnement de travail sans encombrement peut vous faire pour être plus productif, efficace dans le traitement des tâches, et vous garder super concentré au travail. Vous serez également exempt de distractions et tout ce qui se disputeront votre attention, ce qui est important dans un environnement de travail. Cependant, beaucoup de gens là-bas passent par des moments difficiles, désencombrer leur espace de travail. Cutter vous influencer et votre travail négativement. C'est parce qu'ils sont encore attachés à ces encombres dans leur milieu de travail. Ces encombres seront en compétition pour votre attention et de temps. Ainsi, vous donnant un mal à se concentrer dans l'exécution des tâches. Si vous avez essayé plusieurs techniques pour désencombrer votre environnement de travail et cela ne fonctionne pas, cela signifie qu'il Ya quelque chose que vous n'êtes pas en train de faire. Il y a encore quelque chose là-bas que vous ne pouvez pas vous débarrasser, peu importe comment vous essayez.

Rappelez-vous, n'encombre doivent pas être seulement votre environnement physique. Votre smartphone, l'ordinateur peut aussi être un fouillis et servir comme une forme de distractions. Votre espace de travail pourrait être une pièce de votre maison ou un bureau réel.

Avantages de votre espace de travail Désencombrement

Le regard Let les avantages de désencombrer votre espace de travail.

Un espace de travail déluterez booste l'estime de soi

En voyant votre bureau encombré est pas bon et a un impact négatif sur votre estime. Il reflète simplement sur votre personnalité que vous êtes désorganisé, ce qui nuit à votre productivité. Un bureau encombré, il sera difficile pour vous de trouver certains documents que vos besoins de l'employeur. Lorsque ce document important ne se trouve pas, vous êtes insultés dans le visage que vous n'êtes pas bon ajustement pour le travail, qui est démoralisant. Un bureau déluterez va rendre la vie plus facile pour vous. Tous vos documents sont classés en conséquence et vous n'aurez pas à rechercher dans tous les fichiers, juste pour savoir qu'un document. Il est d'augmenter votre confiance, sachant que votre employeur est impressionné par votre réponse rapide à obtenir le document dont il a besoin.

Un espace de travail déluterez stimule la créativité

Vous serez facilement inspiré pour créer de nouvelles idées qui pourraient être bénéfiques pour le progrès de votre lieu de travail. Un espace de travail déluterez insuffle la puissance créatrice en vous pour commencer et terminer un projet, car il ouvrir votre esprit pour voir les choses clairement. Un bureau qui est dépourvue de tout encombre vous encouragera à être encore plus efficace avec vous-même.

Vous devenez un expert dans la gestion du temps.

Une fois que vous avez appris le processus de désencombrement et a incorporé dans votre horaire de travail, vous devenez une meilleure gestion du temps. Cela signifie que vous avez fait votre esprit de consacrer un peu de temps de travail pour nettoyer votre bureau, ce qui se traduit par le développement des compétences de gestion du temps.

Vous sentez accompli

En regardant votre bureau déluterez le matin est déjà une tâche terminée. Il vous fait vous sentir heureux et déterminé à terminer les tâches restantes que vous avez pour la journée.

Un espace de travail déluterez améliore votre confort.

Avez-vous l'air d'être heureux et confortable, voyant que votre espace de travail n'est pas nettoyé ? La réponse évidente est non.

Un bureau bien rangé veillera à ce que vous êtes aussi confortable que possible. Elle peut conduire à une plus grande productivité et votre niveau de concentration augmentera le plus. Travailler dans un environnement confortable améliore la créativité et parce que vous n'êtes pas sous pression à effectuer.

Vous obtenez une bonne impression de votre employeur

Oui ! Votre patron sera parmi ceux qui vous regardent avec de beaux sourires en raison de votre espace de travail déluterez. Il / elle fera une bonne impression sur vous parce qu'ils estiment que la valeur de votre travail vous plus que tout. La plupart du temps, vous serez plus favorisés que d'autres membres du personnel. Vous vous sentez exalté à ce sujet et cela va même vous encourager à fournir plus d'efforts pour réussir. Vous serez considéré comme un de ceux employés avec beaucoup d'éthique de travail.

Un espace de travail déluterez améliore votre mode de vie sain.

Si vous êtes parmi ceux qui tombent sans cesse, je vais une merveille pourquoi, vérifiez votre environnement. Examinez votre environnement de travail. La dernière fois que vous avez eu un bon nettoyage de votre bureau ? La dernière fois que vous avez poussière vos armoires, tiroirs, étagères ? Germes, poussières, bactéries, peuvent persister sur ces surfaces de visites régulières des clients ou des clients. Une fois que vous régulièrement désencombrement votre espace de travail, vous réduisez les risques de maladie de contracter et vous savez ce qu'ils disent, la santé est la richesse !

Vous êtes moins distraits dans un espace de travail déluterez

Un espace de bureau avec encombre, il est difficile pour les employés de se concentrer et de se concentrer sur des tâches importantes dans le bureau. Leurs bureaux sont classés avec toutes sortes de choses comme tâches inachevées, fichiers, etc. Ces choses seront en compétition pour votre attention chaque fois et si vous ne les désencombrements, vous allez vous être improductif tout au long de ce jour-là.

Se débarrasser de ces encombres sur votre bureau devrait être votre priorité absolue. Vous serez mieux ciblé et plus efficace dans la réalisation des tâches existantes.

Nous allons énumérer et discuter des étapes à désencombrer votre environnement de travail pour assurer un environnement de travail en douceur et d'améliorer l'efficacité du travail.

Recommence

Il ne fait aucun doute ce qui est la première étape sur cette liste. Si vous sentez que vous ne savez pas où commencer désencombrement à partir, commencer à partir de votre bureau. Le bureau est généralement rempli de documents papier et toutes sortes d'objets. Retirez tout sur votre bureau et commencer à partir de zéro. Observez chaque élément que vous avez supprimé et rajoutez, peu à peu. Ajoutez uniquement celles dont vous avez besoin. Prenez le repos et dans une boîte. Ne pas les éloigner, vous pourriez avoir besoin dans le travail de cas exige l'utilisation de celui-ci. Donc, quand vous avez besoin d'un élément, vous pouvez aller à la boîte et choisir ce que vous voulez choisir. Rappelez-vous, nous avez parlé des points d'observation. Si vous n'utilisez pas un élément pour une semaine, cela signifie que vous n'ont pas besoin. Donc, juste faire le nécessaire, jetez-le.

Écrivez les articles que vous utilisez

Une autre alternative au premier point. Obtenez un stylo et du papier, notez tout ce que vous utilisez sur votre bureau pour les prochains jours à une semaine. Observer et évaluer chaque élément que vous sentez que vous utilisez. Demandez-vous ces questions; « Cet élément est-il important ? » « Cet élément ont une incidence sur la nature du travail à la main ? » « Dois-je garder ce point ou non ? ». Répondre à une de ces questions déterminera la prochaine ligne d'action. Une fois que vous vous voyez ne pas utiliser un élément fréquemment ou que vous ne l'utilisez pas du tout, les jeter. Les fichiers et les documents sont des exceptions. Bien, vous pouvez déposer ceux d'une étagère ou une armoire. Astuces Cutter il cerveau en pensant que chaque élément sur votre bureau est important, afin que vous ne vous défaussiez pas.

Planifiez un temps pour le nettoyage de votre bureau

Parmi vos tâches planifiées pour la journée, assurez-vous de consacrer un peu de temps pour nettoyer votre bureau et votre environnement de travail quotidien. Pour ce faire, la première fois que vous arrivez dans votre environnement de travail. L'intégration d'un temps de nettoyage dans votre programme veillera à ce que vous obtenez votre lieu de travail bien rangé et prêt pour le travail de la journée. L'intégration d'un temps de nettoyage dans votre programme veillera également à ce que vous traitez votre lieu de travail se nettoyer avec priorité. Toute autre activité sera bloquée à ce moment-là parce que vous savez déjà qu'il est réservé au nettoyage.

Commencez toujours votre journée une heure plus tôt

Cela fait suite au point précédent. Cela a tellement d'avantages que vous ne serez pas en mesure de compter. En utilisant cette méthode prend résistance de la part de la personne parce qu'il peut être difficile, de se lever au moment même lorsque l'alarme sonne deux fois et vous cliquez sur le bouton snobe deux ou trois fois. Si se lever tôt est si difficile, vous ne serez pas en mesure de bien commencer votre journée.

Créer une liste de tâches

Après l'arrivée au travail le matin, généralement les trente premières minutes à une heure sont consacrées à la disposition de bureau, la préparation du café, bavarder avec des collègues et de réfléchir sur les tâches inachevées précédentes qui doit être accompli ce jour-là. Pour faciliter le travail de la journée, la prochaine fois, prenez dix minutes à la clôture du travail la veille de réfléchir sur les réalisations de la journée et notez vos priorités pour le haut lendemain. Création d'une liste des tâches prioritaires est la clé pour garder une trace de vos objectifs et tâches. Au lieu de commencer à travailler sur une nouvelle tâche tout de suite le lendemain, l'ajouter à la liste des tâches et essayer de terminer les tâches existantes. Avec cette méthode, vous éviter d'être distrait par votre activité précédente. Essayez de déguerpir un bureau à la fin des travaux avant de partir. Développer un programme quotidien et de s'y tenir. Il est la meilleure façon d'accomplir les tâches. Vous serez plus concentré et peu susceptible d'être encombré. Accomplissement de vos objectifs sera facile aussi.

tri Démarrer

Maintenant, vous devez avoir compris les éléments à garder et non garder. L'étape suivante consiste à décider où garder ces articles. Nous ne parlons pas seulement votre bureau seul. Nous parlons de grouper vos articles sur l'étagère, tiroirs, etc. La meilleure façon de regrouper vos articles est en les regroupant par ordre d'importance. Les éléments que vous utilisez doivent souvent aller au tiroir de bureau le plus proche. Le reste de vos articles doivent être placés dans les tiroirs de bureau les plus éloignés. Vos documents papier doivent être disposés sur votre bureau de gauche à droite. Le milieu devrait être votre zone de travail.

Remplissez tous les projets existants

La plupart de ces encombres, sont parfois vos tâches inachevées de la veille et de la semaine. Ils viennent de jeter sur votre bureau, occupant une ordure de l'espace et vous distraire. L'une des meilleures façons d'obtenir ces projets de votre bureau est en les complétant. Les éviter ne vous aider à mieux. Si un tel projet vous prendra plus d'une heure, à ce que vous remplissez toutes les tâches existantes avant de poursuivre avec le nouveau jour propre.

Chapitre 6

Comment former de bonnes habitudes

Pour former une bonne habitude, vous devez faire un effort conscient et délibéré de votre part pour atteindre les habitudes. Bonne sont faciles à la forme si vous avez la discipline de le faire.

Il est facile d'entendre votre ami ou un collègue dire qu'il veut faire ceci ou cela et il se fait et quand vous essayez de faire la même chose, il ne fonctionne pas. La formation d'une bonne habitude peut être une lutte parfois, mais si vous êtes déterminé et patient, il peut changer. Cependant, la formation d'une bonne habitude prend du temps pour vous de devenir collé à elle.

Cohérence

La cohérence mondiale implique que vous êtes prêt à faire des sacrifices pour vous permettre de maintenir vos habitudes. La cohérence est la condition essentielle que vous devez former de bonnes habitudes. La cohérence vous fera cesser de voir votre modèle comme tâches. La cohérence aidera à suivre vos objectifs fixés.

En toute honnêteté, vous ne pouvez pas former de bonnes habitudes sans cohérence.

Faire les plans et les objectifs Définir

Faire des plans et ont fixé des objectifs des habitudes que vous voulez forme est la première étape vers la formation d'une bonne habitude. Faire un des objectifs du plan et la mise en implique que vous prenez un regard critique sur ce que vous espérez gagner de l'habitude prévu. La valeur d'habitude il ? Est-ce réalisable ? Est-il même réaliste ? Toutes ces questions sont ce que vous serez en mesure de répondre après avoir effectué les plans et les objectifs fixés sur la bonne habitude que vous voulez former.

Par exemple, vous voulez former l'habitude de l'exercice régulièrement. Au cours du processus d'élaboration des plans et fixer des objectifs, vous saurez pourquoi vous voulez commencer l'exercice régulièrement, comment vous pouvez réussir quand vous devriez commencer aussi bien que ce que vous devez gagner. Comme je l'ai dit plus tôt, les plans de maquillage, et les objectifs fixés sont essentiels pour former une bonne habitude.

Avoir un début peu

Souvent, quand vous entendez des gens se plaindre qu'ils ont du mal à former de bonnes habitudes ou faire de bonnes choses régulièrement, il doit le faire avec eux essaient d'aller les pleins yards trop tôt 9-. Si vous regardez les gens qui veulent perdre du poids, par exemple, et d'essayer de faire du fitness une habitude, vous découvrirez une chose la plupart des tâches. Ils ignorent commencer petit. Ils veulent faire à pied 1 km en une semaine; ils veulent faire 100 push-ups en 2 jours. Bien qu'il soit bon de commencer, il faut souvent une quantité énorme de volonté d'archiver ce niveau de travail. La plupart des débutants ont le pouvoir de volonté nécessaire de le retirer, et qui fait échouer l'habitude.

Toutefois, si vous commencez petit, laissez-dire plutôt que de 1 km à pied, faire un 10ème ou 50 au lieu de 100 push-ups, commencez par 20 et de travailler votre chemin. Commencer petit vous faire voir pas votre habitude nouvellement formée comme une corvée qui doit être fait, mais plutôt comme un moyen de se détendre et vous amuser. Commencer petit réduira la quantité de volonté, vous devrez accomplir pour soutenir votre habitude.

Reconnaître l'importance du temps

La formation d'une nouvelle habitude nécessite une quantité importante de temps. Ne vous attendez pas commencer quelque chose en un jour, et il deviendra une habitude l'autre. Les choses ne fonctionnent pas de cette façon. Reconnaître la vitalité du temps et de vous donner. Vous êtes autorisé à le faire. Vous donnez un peu de temps pour faire votre habitude automatique vous aidera à surmonter la frustration - qui est l'une des choses qui peuvent détruire l'habitude que vous essayez de former.

Connaître votre motivation

Ordinairement, cela devrait faire partie de fixer des objectifs que je parlais tout à l'heure, mais je me sens le besoin d'expliquer plus en détail. Avoir la bonne motivation peut aller un long chemin pour vous assurer de maintenir votre habitude aussi longtemps que possible. La bonne motivation vous donnera un coup de pouce lorsque vous ne sentez plus vous pouvez continuer avec votre bonne habitude.

Par exemple, si vous souhaitez former l'habitude de perdre du poids, écrire votre source de motivation vers le bas vous donnera un coup de pouce quand vous sentez que vous ne pouvez pas continuer.

Changer votre façon de penser (devenir plus conscients)

Beaucoup de personnes sont sur le pilote automatique de nos jours. Le comportement du pilote automatique qui les rend difficile pour former de nouvelles bonnes habitudes. La raison en est qu'ils ne pensent pas à ce qu'ils font ou doivent faire. Cependant, pour former de nouvelles bonnes habitudes, devenir plus conscient de vos actions. Devenir plus conscient de ce que vous faites-vous aider à mieux suivre de temps et vous aider à maintenir votre bonne habitude nouvellement formée.

De plus, un changement de mentalité est essentiel pour former de bonnes habitudes. La raison en est l'esprit contrôle le corps. Pour que vous puissiez vaincre vos vieilles habitudes et former un nouveau bon, il faut surmonter l'ancien premier dans votre esprit. Un changement de mentalité apportera un changement de comportement et aussi vous donner un coup de pouce.

Associé avec des partisans

Vos amis et votre famille peuvent vous aider à former une bonne habitude et vous aider à briser les anciens aussi bien. Le soutien d'amis servira de motivation pour maintenir votre bonne habitude nouvellement formée.

Par exemple, si vous voulez prendre l'habitude de manger sainement, vous devez être amis qui partagent un même mode de vie, ou il sera difficile pour vous de suivre à travers avec votre nouvelle bonne habitude.

En un mot, si vous avez des amis qui ne partagent pas la même habitude avec vous ou ne veulent même pas essayer, il est temps de faire de nouveaux amis.

Alter votre environnement

L'environnement dans lequel nous nous trouvons joue un rôle essentiel dans notre croissance, le caractère et l'habitude aussi. Pour une personne qui est dans un environnement où beaucoup de gens sont obèses et ne mangent pas sainement, il sera difficile pour cette personne pour former une habitude de manger sainement. Par conséquent, si vous voulez former une habitude de manger sainement, il est temps de faire un changement. Déplacer vers un environnement différent ou essayer de faire les gens autour de vous vous joignent à votre nouvelle habitude.

La même chose s'applique à une personne qui veut prendre l'habitude d'aller à la salle de gym tous les jours. Vous pouvez travailler ou changer votre environnement en ayant votre sac de sport à côté de votre lit la nuit. Vous pouvez également mettre vos vêtements de sport sur votre lit ou les accrocher à la porte de votre salle de bain. Ainsi, vous pouvez le voir avant d'entrer pour prendre une douche le matin.

Faire participer les personnes

Pour maintenir votre nouvelle habitude, et se concentrer sur vos objectifs, amener les gens impliqués. Dites aux gens au sujet de la nouvelle habitude que vous voulez former. Ces gens vont vous aider à rester en ligne lorsque vous commencez à perdre de vue ce que vous faites. Ces gens vont vous tenir responsable de votre habitude nouvellement formée. Ils vous feront rester engagés au cours.

Pour vous amener les gens à vous aider à se concentrer, essayer d'avoir une sorte de façon, votre ami vous tiendra responsable. Vous pouvez donner votre propriété ou un peu d'argent pour eux et leur dire de tenir jusqu'à ce que vous ayez commis à votre habitude complètement.

Personnalisez et célébrer votre victoire

Souvent, nous nous réprimander pour ne pas faire la bonne chose. Cependant, nous devons apprendre à nous donner crédit quand nous faisons la bonne chose aussi. Lorsque vous voulez former une nouvelle bonne habitude, il est bon pour vous de célébrer votre succès dans vos objectifs pour la journée.

Si vous vous engagez à votre nouvelle habitude contractée, célébrer votre succès en vous récompensant pour avoir commis à votre nouvelle habitude vous aidera à rester motivé. La motivation est essentielle lorsque vous essayez de créer un nouveau bon modèle. Par exemple, si votre nouvelle habitude est de perdre du poids, vous pouvez vous récompenser avec un nouveau tissu à chaque fois que vous perdez quelques livres. Si votre nouvelle habitude est de manger sainement, vous pouvez vous récompenser par vous-même en prenant à dîner une fois par semaine ou pour maintenir votre mode de vie sain. Faire tout le temps vous motiver.

Créer un Cues autour de votre habitude

Lorsque vous essayez de former une nouvelle bonne habitude, il est de vous retrouver manque la motivation et le courage de passer par votre habitude. Imaginez un scénario lorsque l'alarme se déclenche à 6h30. Immédiatement, vous vous levez, votre première pensée sera d'avoir votre bain et préparez-vous pour le travail. Mais si votre habitude est au bon moment, par exemple, vous avez un ami de se rencontrer à la salle de gym à 7h30, et vous ne voudriez pas le décevoir. Donc, vous vous forcer à aller à la gym ce matin. Une autre chose que vous pouvez faire est de parler de votre nouvelle bonne habitude sur FORMÉ les médias sociaux comme Facebook. En parlant de votre nouvelle habitude sur les réseaux sociaux vous faire rester engagé à ce que vous ne serez pas comme de laisser vos amis vers le bas.

Former un motif avec votre habitude

La formation d'un modèle reçoit beaucoup de choses. J'ai eu un ami qui a pu écrire cinq articles par jour parce qu'il a pu former un motif autour de son écriture. Il a écrit ses articles avant le petit déjeuner. Il a gardé le motif pendant 30 jour consécutif. Au moment où il a remarqué combien de travail il se fait en un jour, il a déjà établi un modèle; il ne voulait pas briser.

Vous pouvez en tenir compte dans votre nouvelle bonne habitude formée aussi bien. Définissez votre nouvelle bonne habitude pour former un motif, et vous serez en mesure de le soutenir.

Attendez-vous à Retraits

Le simple fait est bon rien est facile. C'est un fait connu. La formation d'une nouvelle bonne habitude n'est pas différente. Vous devez vous attendre revers que vous essayez de former une nouvelle bonne habitude. Vous devez vous attendre ce revers, car il vous aidera à les surmonter. Il est bon pour vous d'avoir à l'arrière de votre esprit que trébucher sur le chemin ne signifie pas que vous ne pouvez pas continuer à travailler pour former une nouvelle habitude. Doivent servir revers de motivation et de ne pas vous décourager.

Par exemple, si vous ne parvenez pas à se rendre à votre rendez-vous salle de gym, ne vous découragez pas. Rééchelonner votre date et essayer de faire cette fois-ci.

Connectez votre nouvelle habitude avec un bon déjà existant que vous avez

Pour rester attaché à votre habitude nouvellement formée, joignez-vous avec une habitude déjà existante. La vieille habitude vous aidera à vous rappeler la nouvelle que vous essayez de former et d'assurer la continuité.

Par exemple, vous voulez former une habitude de l'exercice régulièrement, et vous faites du jogging déjà pendant environ cinq minutes chaque jour, planifiez vos séances d'entraînement pour commencer après votre travail du matin. Puisque vous êtes déjà habitué à l'emploi du matin, et il est devenu automatique, à commencer vos séances d'entraînement après ne sera pas si difficile et vous aider à former plus vite l'habitude.

Depuis combien de temps pour votre nouvelle bonne habitude de devenir habituelle?

Souvent, vous entendez des gens dire, « il faut 21 jours pour former une nouvelle habitude ». Ceci est une idée fausse. Tout a commencé avec un livre écrit par Dr. Maxwell Maltz. Dr Maltz était un chirurgien plastique dans les années 1950. Il a découvert qu'il prend ses patients un minimum de 21 jours pour adapter à leur nouveau look après la chirurgie. Cette découverte l'a incité à publier son livre best-seller « Psycho-Cybernetics » dans les années 1960. Ce que le Dr Malte a effectivement été, « il faut un minimum de 21 jours pour former une nouvelle habitude. »

Il était facile pour l'idée fausse « 21 jours » pour diffusion parce qu'il était à court de se rappeler et inspirer aussi bien. Tant et si bien que beaucoup de « auto-assistance « livres ont fait un slogan. Maintenant, le nombre « magique » ne se limite plus à 21. 30, 14 jours ont tous été utilisés par différents auteurs. Cependant, peu importe combien de fois un mensonge est répété, il ne peut pas devenir la vérité.

Donc, la vraie question est maintenant, Combien de temps cela prendra-t-il pour vous de former une nouvelle bonne habitude ? Plusieurs chercheurs ont tenté de trouver une réponse à cette question. Le consensus atteint par la plupart de ces chercheurs est qu'il faut une moyenne de 2 mois (60 jours) -66 ou plus pour former une nouvelle habitude.

Cependant, il est essentiel de noter que le délai pour former de nouvelles habitudes dépend de la personne concernée. En outre, du retard d'un jour ou deux ne pas altérer la vitesse du processus. Donc, pas de panique lorsque vous manquez un jour ou deux avec votre nouveau processus de formation d'habitude.

Comment vaincre la mauvaise habitude

Une habitude, que ce soit bon ou mauvais, est difficile à briser une fois qu'il devient automatique. Une mauvaise habitude comme boire ou fumer est particulièrement difficile à briser. Cependant, pour briser ces mauvaises habitudes, vous pouvez prendre ces mesures décrites ci-dessous.

Reconnaître l'habitude

La première étape pour surmonter ou de se libérer d'une mauvaise habitude est de prendre conscience qu'il y a une habitude qui est une mauvaise habitude en premier lieu. Vous pouvez le faire en gardant la trace de la fréquence que vous vous livrez. En gardant la trace de votre mauvaise habitude, vous pourrez voir de vous engager dans quelle fréquence.

Lorsque vous reconnaissez vos mauvaises habitudes, il sera facile pour vous de retirer d'eux peu à peu. S'il vous plaît ne vous réprimander pour avoir de mauvaises habitudes; au contraire, travailler à les arrêter.

Le travail à arrêter votre habitude moche

Après avoir reconnu vos mauvaises habitudes, la prochaine étape logique devrait être de les arrêter. Bien que cela puisse prendre un certain temps pour y parvenir. Par exemple, si vous vous trouvez manger indésirable entre les repas, vous pouvez remplacer indésirable avec des articles en bonne santé comme l'eau ou toute autre activité jusqu'à ce que vous ne vous sentiez pas l'envie de manger plus indésirable.

Félicitez-vous pour résister à votre mauvaise habitude

Comme il applique pour former une bonne habitude, vous devriez également vous donner du crédit et une tape dans le dos lorsque vous surmontez tous les jours votre mauvaise habitude. Cela servira de motivation pour continuer à lutter contre l'envie de se livrer à cette mauvaise habitude. Toutefois, lorsque vous voulez vous récompenser pour assurer la récompense que vous vous donnez est pas quelque chose que vous faites tous les jours. Par exemple, si vous êtes un amateur de vêtements et d'amour pour faire des emplettes pour de nouveaux vêtements régulièrement, ne vous récompensez pas pour surmonter être mauvaise habitude en faisant des emplettes pour de nouveaux vêtements, donnez-vous quelque chose que vous faites à peine comme une récompense.

La formation d'une nouvelle bonne habitude est bonne pour l'estime de soi. Cependant, il n'est pas aussi facile que cela puisse paraître, mais, en même temps, il n'est pas si difficile non plus. Tout ce que vous avez besoin est un peu de patience et d'utiliser toutes les informations ici discutées.

Pour ceux qui ont une mauvaise habitude qui veut se débarrasser, vous pouvez également utiliser les points discutés ici pour vous aider à devenir la personne que vous voulez être.

Chapitre 7

Comment faire pour supprimer Influences négatives

Quand beaucoup de gens entendent parler de l'expression influence négative, ils estiment qu'il doit faire avec des médicaments, d'alcool ou d'autres vices sociaux. Cependant, l'influence négative de la phrase est plus que les vices sociaux. Influence négative implique les mauvaises influences qui vous poussent à prendre des décisions de mauvaises. Par exemple, vous pouvez être influencé en pensant mal à vous-même. Cela conduira à une faible estime de soi. Vous pouvez également être affecté à penser une pensée négative au sujet de votre vie ou votre travail. Cela pourrait conduire au suicide sinon réduit rapidement. Influence négative ne se limite pas à avoir des pensées négatives ou des suggestions; il peut conduire à des habitudes négatives.

Se débarrasser d'éliminer l'influence négative peut être un défi de taille. Votre tâche supprimant l'influence négative peut être rendue plus difficile si les personnes habitudes négatives vous entourent.

De plus, ces personnes vous rappelleront vos habitudes négatives et forcés de se livrer à eux, même lorsque vous essayez de les supprimer. Cependant, tout espoir ne soit pas perdu. Tout ce que vous avez besoin est un engagement et de la persévérance, et vous serez en mesure d'éliminer l'influence négative, changer les choses et commencer à laisser votre vie avec plus de positivité.

La première étape à prendre si vous voulez supprimer l'influence négative est de changer les gens que vous passez du temps avec. La prochaine chose est de faire des ajustements à la façon dont vous passez votre temps. Ces changements vous aideront à trouver la paix et la joie dans votre vie.

La prochaine chose que nous allons discuter dans ce chapitre sont les différentes étapes que vous devez prendre pour éliminer l'influence négative de votre vie.

Ce que vous devez savoir est que la plus grande influence négative que vous havies associer avec des gens négatifs. Ils sont pessimistes et utiliseront ce pessimisme pour vous démoraliser. Ils gaspillent votre temps sur des tâches sans importance et vous critiquer au cœur, si vous ne sont pas en ligne avec eux. Les personnes négatives vous détruit peu à peu jusqu'à ce que vous soyez complètement endommagé. En étant endommagé, vous résultat dans l'alcool, les drogues, cigarettes, etc. Quand ils remarquent que vous êtes devenu sans valeur, ils vous abandonnent.

La première étape que vous devez prendre pour éliminer les personnes négatives est en les identifiant. Où voyez-vous des gens négatifs ? Sont-ils dans votre école, lieu de travail, etc. Reconnaître un problème est la première étape pour le résoudre. En tant que personne qui veut se débarrasser de l'influence négative, vous devez identifier les gens négatifs autour de vous. Cela peut inclure des personnes négatives que vous associez avec au bureau, à l'école si vous êtes un étudiant, ou à la maison si vous ne vivez pas seul.

Pour vous aider à identifier ces personnes, examiner le rôle de vos amis dans votre vie. Avez-vous des amis au travail ou à la maison qui vous font en retard au travail, dilapider votre temps sur les activités frivoles ? Ils peuvent également vous faire sentir mal au sujet de vos réalisations et de la croissance.

Ce sont des influences négatives, et si vous avez ces amis, il est temps de faire de nouveaux.

En tant qu'étudiant, si vous avez des amis à l'école qui vous donnent régulièrement des ondes négatives en faisant des commentaires négatifs au sujet de se sentir seul ou vous faire sentir triste avec leurs commentaires comme « vous n'êtes pas unique. » « Vous n'êtes pas intelligent. » Si vous souhaitez supprimer l'influence négative dans votre vie, vous devez rester à l'écart de ces personnes. Faire de nouveaux amis qui vous feront vous sentir bien.

Le prochain endroit où vous devriez regarder d'identifier l'influence négative est dans votre maison, en supposant que vous ne restez pas seul. Il possible d'avoir des membres de la famille ou des colocataires qui vous influencent négativement. Reconnaître leur rôle à la maison, regarder pour les membres de la famille qui vous font demander qui vous êtes et votre identité. Recherchez les déclarations comme « vous êtes si bête, quand tu vas grandir » les gens qui vous font ces déclarations sur vous ou à la maison sont une influence négative sur votre vie. En effet, ils vous font sentir votre vie de ressentiment envers. Ils créent le doute dans votre esprit au sujet de qui vous êtes vraiment. Ils détruisent aussi l'estime de soi peu à peu jusqu'à ce que vous commenciez à vous sentir sans valeur.

Comment faire pour gérer Influences négatives

Après avoir identifié ceux qui apportent une influence négative dans votre vie, la question suivante logique que vous devriez vous poser est : « comment puis-je gérer ces personnes qui m'influencent négativement ? ».

Nous avons mis en évidence quelques étapes ci-dessous pour vous aider à gérer les influences négatives.

Passez moins de temps avec des personnes négatives

Dès que vous identifiez avec succès les personnes négatives dans votre vie, vous devez prendre des mesures pour les éviter. Peu importe où la personne est négative. Mettez un peu de distance entre vous et eux. Cela donnera le temps de penser à vous et de vous retrouver sans les être autour de vous distraire.

Vous pouvez vous éloigner de personnes négatives en réduisant la quantité de temps que vous passez au téléphone avec eux si elles sont un peu loin de vous. Vous pouvez également éviter d'avoir un sur d'une conversation avec eux - one. Vous avez des amis positifs autour de vous lorsque vous voulez parler avec eux afin qu'ils puissent voir ce que la pensée positive est tout au sujet.

Lorsque vous voulez sortir du shopping ou peut-être le dîner, plutôt que d'être seul avec votre ami cynique, inviter d'autres amis à se joindre à vous les gars. Cela vous empêche d'être laissé seul avec votre ami cynique.

Vous êtes dans le contrôle de votre temps. Personne n'est autre. Ne laissez pas une personne négative de dicter la façon dont vous passez votre temps. Ils sont égouttoirs énergie. Un temps qui est perdu est un temps qui ne peut pas être récupéré. Alors, passez votre temps à bon escient. Ils ne contribueront jamais rien de significatif à votre vie, autre que vous poussez à les rejoindre à pleurnicher votre temps précieux. Passer une heure avec une personne négative vous fera perdre trois heures de votre temps. Heures qui auraient pu être mises en une utilisation positive. Ne laissez pas les gens négatifs à perdre votre temps. Lorsque vous leur permettez dans votre vie, vous êtes condamné. Au lieu d'écouter ce qu'ils ont à dire, vous distraire avec des activités amusantes. Écouter de la musique, faire une promenade, ou mieux encore, il suffit de vous excuser.

Limites de compilation entre vous et la source de votre influence négative

Pour supprimer l'influence négative sur votre vie, fixer des limites entre vous et la source de l'influence négative. Construire des limites vous faire sentir en sécurité et en contrôle autour d'une influence négative. Bien que la mise en place des limites puisse être utile dans le traitement de certaines personnes, vous découvrirez peut-être que certains vont essayer de porter atteinte à ces limites. Essayez de maintenir vos limites autant que possible, même si vous vous sentez qu'il a été empiété sur. Construire des frontières pour empêcher les influence négative est essentiel, surtout lorsque votre influence négative est le type que vous ne pouvez pas couper complètement. Un exemple est votre patron, vos parents ou frères et sœurs. La mise en place des limites limitera leur effet sur votre vie et vous aider à faire face à leur présence sans aucune forme de conflit et de vivre avec eux de la nécessité.

Pour éviter d'être contagieux, garder tout ce qui pourrait vous influencer négativement et qui comprend les personnes négatives. Il est essentiel que vous les tenir à bout de bras. Lorsque dans un lieu de rencontre du groupe, apprendre à être concis et parler moins. Être verbeux avec des détails ne vous exploiter et vous pourriez finir par parler des choses que vous n'êtes pas censé parler.

Afficher une attitude positive avec une personne négative

Les personnes négatives ne peuvent pas être évitées complètement, et nous avons dit que déjà dans ce chapitre. Cependant, pour gérer ou diffuser leur négativité, vous devez leur montrer une réponse positive quand ils montrent leur attitude négative. Récupérez votre attitude positive en équilibrant leurs écrans négatifs avec votre positif.

Par exemple, lorsque votre ami négatif dit que personne ne se soucie de vous, dire que vos amis ou l'amour de la famille beaucoup. S'ils font un mauvais commentaire au sujet de quelque chose ou quelqu'un, contre leur déclaration en disant comment la chose est ou la générosité de l'individu, ils ont essayé de poser est essentiel. Annulation ils des mots négatifs avec votre réponse positive réduira à néant leur influence négative sur vous et répondre à leur négativité ouvertement et de manière proactive.

Arrêt négatif Talk / Pensée À propos de vous-même

Soliloque négatif est aussi préjudiciable que les habitudes négatives. Vous pouvez vous engager dans une conversation négative mais en se concentrant uniquement sur les mauvaises choses qui se passent dans votre vie plutôt que les bons. Discussion négative peut également demander à la façon dont vous pensez à vous-même. Par exemple, une nuit de lieu de rencontre peut être annulée par vos amis. Plutôt que de le laisser aller, vous commencez à vous dire qu'il a été annulé à cause de vous. Vous utilisez des mots comme « personne ne m'aime c'est pourquoi ils ne veulent pas traîner avec moi. Un autre exemple peut être quelque chose comme ça. Après avoir une journée très productive au travail, vous rentrez chez vous plutôt que d'être heureux de la journée; vous commencez à vous dire combien de temps on ne pouvait pas se faire.

En outre, des moyens de talk négatifs que vous avez une vision étroite d'esprit du monde autour de vous. Quand les choses ne fonctionnent pas pour vous et chaque tour, donc il n'y a pas de résultat positif possible en vue, ce qui signifie que vous avez un sentiment de catastrophe imminente sur votre route.

Si vous vous engagez dans ce type de parler de vous, il est temps de mettre fin à, ou vous ne supprimera pas l'influence négative de votre famille et de la vie.

Tournez les effets négatifs positifs Parler à

Si vous souhaitez supprimer l'influence négative, vous devez activer parler négatif sur vous-même à ceux positifs. La puissance de l'esprit est essentielle à la façon dont vous vous voyez. Les pensées négatives conduisent à la parole négative, et conduit de discours négatif à l'influence négative. Vous pouvez changer tout cela, mais avoir des pensées positives sur vous-même et, à leur tour, ont un discours positif sur vous-même.

Commencez par évaluer toute négative pensée qui vient dans votre esprit. Après évaluation, donner une réponse positive à cette pensée particulière négative. Faire usage de réponses positives comme « Je peux faire mieux que moi hier. Faire usage du « peut et sera » expression pour dissiper toute pensée négative qui vient à l'esprit. Rappelez-vous, vous êtes ce que vous pensez de vous-même. Le changement doit venir de l'intérieur avant qu'il ne puisse se manifester vers l'extérieur. Commencez votre journée tous les jours avec une affirmation positive de vous-même. Avec la cohérence de votre part, vous enlèverez l'influence négative en peu de temps de tous les domaines de votre vie.

Soistoimême

Il est facile d'impressionner quelqu'un ou de bon pour quelqu'un, mais ce n'est pas toujours sage. Le simple fait est que vous ne pouvez pas toujours satisfaire tout le monde. Au lieu de vous faire bien paraître pour les autres, pourquoi ne pas se concentrer sur vous rendre heureux ? Ne pas impressionner personne, et encore moins une personne négative. Soyez vous-même et passer du temps de qualité à essayer de comprendre les choses qui vous font happy. Pend temps avec des gens qui accepteront qui vous êtes et ce que vous représentez. Ne pas poursuivre la mauvaise chose.

Déterminer votre attitude

Une personne associant à une personne négative le fait à son / ses propres risques et périls. Ils sont toxiques et introduisent la toxicité dans votre vie. Vous n'avez pas le pouvoir de volonté de prendre vos propres décisions parce que vous êtes entouré par les pessimistes.

Ne laissez pas les gens négatifs de dicter la façon dont vous devez répondre ou comment votre humeur devrait être. Vous êtes vous-même et dans le contrôle de tout ce qui passe pour vous. Choisissez comment vous voulez agir. Choisissez comment vous voulez être. Déterminez comment vous exécutez votre vie parce que c'est le vôtre et personne n'a d'autre.

Les personnes négatives peuvent faire ressortir le pire en vous. Il est tout à fait normal. Ce qui est plus important est de savoir comment vous laissez ce contrôle de la négativité que vous. Ne laissez pas vos émotions obtenir la meilleure partie de vous. Déterminez votre état de réaction. Si vous vous trouvez dans des situations négatives, apprendre à contrôler vos émotions.

Réduire les habitudes négatives

Vous ne pouvez pas se débarrasser de ou supprimer l'influence négative si vous ne supprimez pas les habitudes négatives en premier. Ces habitudes négatives, comme le tabagisme, l'abus d'alcool et faire la fête régulière, pourriez-vous faire sentir bien momentanément, mais ils ont un impact négatif durable sur vos rêves et aspirations. Ils laissent généralement vous avec une gueule de bois méchant et un sentiment négatif dans la matinée. Ce sentiment négatif du matin causera la mauvaise gestion du temps. Temps moyen de mauvaise gestion que vous n'ayez pas assez de temps pendant la journée pour poursuivre vos rêves et de participer à ces activités qui faciliteront le développement de votre carrière.

En arrêtant toutes vos habitudes négatives sera une bonne façon de gérer les influences négatives dans votre vie. Pourtant, de l'expérience, je sais que ce sera difficile d'arrêter toutes les mauvaises habitudes tout à coup, alors je suggère de couper sur vos habitudes négatives. Cela ira un long chemin à supprimer l'influence négative dans votre vie. Par exemple, plutôt que de sortir tous les soirs après le travail à la barre pour un couple de boissons qui conduisent généralement à un trop grand nombre, il réduit à une ou deux fois par semaine.

Certaines personnes donnent l'excuse d'être souligné que la raison pour laquelle ils boivent tous les soirs. Vous pouvez gérer votre stress en se livrant à des activités saines comme va le soir dans votre quartier. Si vous n'êtes pas friands de courir, vous pouvez obtenir un vélo et du vélo autour de votre quartier ainsi. Vous vous sentirez moins stressé après s'être engagé dans l'une de ces activités. Vous pourriez aussi bien avoir des amis sur une ou une semaine et faire cuire pour eux deux fois. L'interaction sociale est un bon moyen de se débarrasser du stress.

Avoir un mode de vie positif

Vous pouvez vous débarrasser de l'influence négative en laissant un style de vie positif. Vous pouvez commencer par avoir des repas sains. Des repas sains devraient inclure une grande partie des repas faits maison et les moins indésirables. Une alimentation équilibrée de protéines, des légumes et des fruits, ainsi que le lait, devraient faire partie de vos repas. Rappelez-vous de boire suffisamment d'eau et de rester hydraté. Réduisez ou de la soude ou peut-être éviter complètement ainsi que d'autres boissons sucrées.

La prochaine partie de votre style de vie positif devrait être d'obtenir suffisamment de sommeil. C'est une chose que la plupart des gens ne paient pas beaucoup d'attention, mais une quantité suffisante de sommeil chaque jour joue un rôle dans votre humeur et comment vous vous sentez sur vous-même. Lorsque vous obtenez une quantité suffisante de sommeil, vous ne serez pas épuisé avant le jour même de commencer et vous serez de bonne humeur. Dans l'économie actuelle, il est facile pour vous de dormir la négligence, mais il est essentiel que vous dormiez à un moment fixe pour vous assurer de ne dévient pas de lui. Configurez votre chambre pour vous assurer que le sommeil autant que possible. Si vous maintenez votre horaire de sommeil, vous vous trouverez plus détendu et dans un cadre plus d'esprit positif.

De plus, le temps recommandé pour un sommeil suffisant est neuf heures, assurez-vous que vous vous levez ce numéro en un jour.

Prenez note de vos habitudes malsaines

Il est normal pour un individu d'avoir des habitudes malsaines vous ne devriez pas sentir que vous êtes le seul avec eux. Cependant, savoir ce que vous êtes mauvaise habitude et cherchent des moyens de les éliminer vous aidera à supprimer l'influence négative.

Pour prendre efficacement note de ces habitudes mauvaises ou négatives, pensez à des habitudes qui vous font sentir déprimé et triste de vous-même. Ces habitudes qui vous laissent avec le sentiment que votre vie suce et draine votre énergie pour vous faire du mal à se concentrer à faire des choses qui aideront votre développement et influencer votre vie positivement.

Les exemples évidents de ces habitudes sont fortes doses de consommation d'alcool, la toxicomanie, la fête lourde et les mauvaises habitudes alimentaires. Les moins évidentes sont des relations malsaines qui vous laissent avec des sens de la dépression et la tristesse. Un autre exemple de ce type d'habitude est la haine estime de soi et la haine, faible estime de soi. Il est fortement recommandé de documenter ces mauvaises habitudes ou négatives afin que vous puissiez savoir comment les gérer.

Comment avoir une influence positive sur les gens autour de vous

Beaucoup de gens ont une ou deux personnes dans leur vie qui ont une perspective négative sur la vie. Vous pouvez les aider à éliminer l'influence négative dans leur vie et leur influence positive, mais vous ne savez pas faire.

La meilleure façon d'aider une telle personne est de leur montrer comment positif votre vie est par l'attitude que vous affichez. Essayez d'être le meilleur que vous pouvez être en vivant une vie heureuse, joyeuse et active. Ne pas essayer de grossier ou les technologies comment vivre leur vie parce que vous les faire plein de ressentiment envers vous.

En résumé, la suppression influence négative exige un effort conscient de votre part parce que personne ne peut vous changer quand vous ne voulez pas changer. La cohérence avec ce que vous voulez faire est également crucial.

De plus, si vous avez essayé la plupart des choses suggérées ici et vous vous trouvez toujours avoir des pensées négatives sur vous-même, essayez la méditation. La méditation vous aidera à se débarrasser progressivement des pensées négatives qui entrent dans votre esprit. Il vous aidera à se concentrer sur le présent plutôt que dans le passé où vos pensées négatives que vous prenez habituellement.

Chapitre 8

Qu'est-ce que Pleine conscience?

Avez-vous déjà eu à se promener dans le parc et vous vous rendez compte ne se souvenait de rien au sujet de votre voyage ? Ou vous avez commencé à manger un paquet de chocolat et remarqué que vous aviez été avec un paquet vide soudainement ? Cette situation est commune pour beaucoup de gens.

Ce sont des exemples assez typiques de « l'esprit-moins-Ness », il est également connu comme l'état du pilote automatique.

Selon la recherche, une personne moyenne est habituellement sur le pilote automatique, 47% du temps. Cela se caractérise par un état d'esprit dans lequel notre esprit de Wenders, et nous ne sommes pas tout à fait dans l'instant, par opposition à la pleine conscience.

Cela devrait, car il y a beaucoup de choses à quelqu'un détourner l'attention dans ce monde occupé et reliés entre eux. Pourtant, les inconvénients du mode de pilotage automatique sont évidents car il prive les gens d'apprécier la beauté de la vie. Nous ne parvenons pas à être en harmonie avec notre corps et l'esprit.

En plus de tout cela, nous sommes enclins au stress, l'anxiété et la dépression. Cela rend la pleine conscience un outil essentiel pour la vie efficace.

Qu'est-ce que Pleine conscience?

L'attention est à l'opposé de l'être dans le mode de pilotage automatique décrit ci-dessus. Il implique de prendre délibérément le contrôle de notre vie, le sentiment, les pensées et l'attention.

Pleine conscience implique simplement être conscient de nos sentiments, des pensées, des environnements, et la sensation de corps comme ils se présentent. Il implique d'être en phase avec le moment sans être un juge.

Nous pouvons explorer trois enseignements spécifiques de la définition de la pleine conscience donnée ci-dessus :

Nous Consciemment en phase avec notre attention

Avec la pleine conscience, nous devons être en contrôle de notre attention entièrement. Ceci est différent du mode de pilotage automatique; beaucoup d'entre nous nous trouvons. Avec le mode de pilotage automatique, notre attention est comme un être balayé cerf-volant avec les vagues de pensées diverses.

Être conscient, cependant, implique d'être en phase avec notre attention. En d'autres termes, nous sommes conscients et éveillés.

Notre attention est basée dans le moment

Notre esprit est très têtu et va errer à partir du moment présent à chaque moindre occasion. Il y a toujours quelque chose du passé pour réfléchir. Il ne dérange pas se soucier des événements futurs. Cela nous prive de l'occasion d'être dans le moment.

Avec la pleine conscience, cependant, vous êtes dans le moment. Nous ne sommes pas tenus par le souci d'essayer d'analyser les choses et de penser à l'avenir. Au lieu de cela, nous acceptons le moment et le flux avec elle.

Nous retenons notre attention sans jugement

L'idée de la pleine conscience est de ne pas contrôler ou arrêter notre suppressif processus de réflexion. Il implique d'être témoin de ces pensées, les sentiments et les expériences qui se présentent.

Avec la pleine conscience, nous devenons un veilleur, un observateur de ces pensées et émotions sans interférer. Lorsque nous nous tournons vers un observateur, nous sommes moins susceptibles d'être perdu dans abrutissement.

Des exemples de Pleine conscience Dans la vie quotidienne

Il existe différents scénarios et événements de la vie quotidienne où la pleine conscience entre en jeu. Ce sont des situations dans lesquelles nous nous trouvons sans réfléchir et exécuter sur le pilote automatique. Pourtant, si l'on applique la pleine conscience, il y a de nombreux avantages que nous récolterons.

Marcher d'un point à un autre

L'un de l'importance de la pleine conscience est comment il peut transformer les activités les plus simples et les plus banales en une expérience utile. Cela implique la conscience et d'être nonjudgmental, comme indiqué.

Avec ce qui précède à l'esprit, empêcher votre esprit de circuler avec tout ce que la pensée se présente. Au lieu de cela, être plongé dans ce que vous vous trouvez faire. En d'autres termes, que vous prenez votre voyage, prenez note de chaque étape. De plus, notez comment la brise hérisse votre tissu et comment il caresse votre peau.

Écoutez les oiseaux chanter et regarder le motif formé par la canopée des arbres autour. Regarder, l'expérience, et d'apprécier tout cela que vous avancez dans votre voyage.

En parlant à d'autres

Devons-nous utiliser Robin et Avril comme un exemple de la façon dont la pleine conscience peut aider ? Robin est fou à Avril et essaie de garder son esprit et versez son sentiment. Bien que les paroles de Robin pouvait être dur, plein d'émotions, Avril pourrait essayer de comprendre la perspective de Robin sans être juge.

Cette volonté implique de laisser Avril aller tous les partis pris et nous demandons instamment à élaborer une réponse pour Robin. Au contraire, elle pourrait choisir d'écouter Robin et essayer de comprendre les choses de son angle. Cela lui permettra de répondre d'une manière assez compatissante. Avec cela, les deux parties peuvent parvenir à un résultat assez productif et de résoudre leurs problèmes à l'amiable.

Avant un discours public

Un nombre important d'entre nous crainte de parler en public. Il pourrait être difficile de se concentrer comme des centaines d'étrangers transpercent leurs yeux à vous. Les bonnes nouvelles sont que, avec la pleine conscience, vous pouvez traiter le stress qui vient de parler en public.

Vous pourriez commencer par la respiration douce et consciente. Vous pouvez prendre un peu de temps à et se concentrer sur les pensées qui volent dans votre esprit. L'idée ici est de reconnaître et d'accepter ce que vous ressentez, plutôt que de redouter la négativité qui pourrait vouloir se poser.

Nous vous recommandons de votre conscience autour des sensations corporelles que vous rencontrez. Cela revient à considérer et de se concentrer sur chaque partie de votre corps et soulager la tension. Prenez note de la sensation que vos muscles se détendent et les disparait de stress.

Comment pratiquer la pleine conscience?

Il existe deux formes principales de la pleine conscience. Il pourrait être une pratique de la pleine conscience formelle ou informelle.

- La pratique formelle de la pleine conscience est appelée une pratique de méditation. C'est une commune recommandée par le Bouddha. Elle consiste à entrer dans une position assise confortable et de fermer les yeux. Bien que certaines personnes trouvent qu'il est facile de méditer tout en marchant ou couché aussi bien fait, elle implique aussi trouver un mantra comme un son ou un mouvement qui aide votre attention.

- La pratique de la méditation informelle ne doit pas être dans une position formelle. Vous pouvez le faire à tout moment avec quoi que ce soit, car il est applicable avec la vie de tous les jours. Cela implique la baignade en pleine conscience, faire la vaisselle en pleine conscience, en tapant avec votre attention immergée dans, et Co.

Dix façons différentes à la pratique Pleine conscience

Voici dix façons distinctes dans lesquelles la pleine conscience peut faire partie de votre vie quotidienne.

Prenez un moment et être conscient de votre respiration

En d'autres termes, comment votre avis air circule dans et hors de vos poumons. Prenez note du mouvement de votre ventre, comment il monte et descend avec vos respirations

Soyez conscient de ce que vous accomplissez

Il pourrait être assis, dactylographie, manger, se détendre, lire, ou la cuisine. Plongez-vous dans l'activité et non ce que vous pensez. Si vous lisez, par exemple, notez chaque mot et l'image de vos peintures esprit pendant que vous lisez.

Si vous mangez, prenez note du goût, la couleur, et la façon dont la nourriture se sent dans la bouche que vous mâchez.

Faites attention à votre voyage

Quand un voyage, ne laissez pas votre esprit vagabonder dans des pensées sans fin. Mettez votre conscience dans l'art même de la marche. Que votre attention soit sur toutes les étapes et remarquez comment votre poids se sent sur votre jambe.

Il est correct Just Exista

En d'autres termes, vous n'avez pas besoin de faire quelque chose. Tout ce qu'il faut est pour vous d'être présent au moment.

Apportez-vous revenir au moment

Oui, notre esprit est assez têtu. Il va errer au large dans quelques réflexions. Plutôt que de vous juger, vous ramener à l'instant en dirigeant votre attention sur votre respiration. Mettre l'accent sur avoir un muscle détendu que vous faites cela parce que vous vous sentirez beaucoup mieux.

Processus mental sont pensées

En d'autres termes, tout ce qui se passe dans votre esprit n'est pas nécessairement vrai. Vous ne devez pas les agir ou les croire.

Pleine conscience nous enseigne d'être dans le moment et venir à bout des choses qui nous entourent. Il est de noter ce qui se passe à l'intérieur de vous sans être un juge.

Essayez d'être un observateur

Comme vous deveniez plus conscient de vos sentiments et de la pensée, vous en détacher. Acceptez sans les juger.

Participer à des activités qui vous font la sourde oreille

Il y a des activités étonnantes qui pourraient aider à sortir d'accord. Ce sont des occasions fantastiques pour avoir la pleine conscience. Assurez-vous d'appliquer la pleine conscience en simple journée à des activités de jour comme la conduite, la natation, le lavage ou la lecture.

Une partie de la Nature

Il y a beaucoup d'effets positifs de passer du temps dans la nature. Cependant, il est un excellent moyen d'observer vos pensées.

Votre esprit pourrait dériver et être emporté par des pensées. Ceci est tout à fait naturel. Ne pas vous battre comme tout ce que vous devez faire est de vous ramener à la « maintenant ».

Qu'est-ce que l'exploration Pleine conscience est pas ...

Pleine conscience préconise la sensibilisation, qui est tout le monde peut puiser dans le pouvoir. Vous avez besoin d'assez de pratique et de patience pour comprendre cela.

Pleine conscience n'est pas de zonage

Pleine conscience prêche la connexion avec nous-mêmes, par opposition au zonage. Il implique d'être conscient du moment et la corrélation avec nos pensées. Il n'y a pas de rituel spécial que nous devons faire pour que cela se produise. Gardez à l'esprit la pleine conscience est « être » et non pas « faire ».

Pleine conscience est non seulement ACCORDANT une attention

Oui, vous devrez faire attention, mais il est unique. Elle consiste à prêter attention à la curiosité, la gentillesse et l'esprit ouvert, alors que vous lâchez tous

Il n'y a pas d'expérience spéciale avec Pleine conscience

Beaucoup de gens approchent la pleine conscience avec une sorte d'attente d'une expérience extraordinaire. Ceci, cependant, déclenche la frustration lorsque ladite expérience tarde. Même la pratique de la pleine conscience avec l'espoir de calme ne vous mis en place pour la déception. Ce n'est pas comment cela fonctionne, car ces attentes interfèrent avec nos pensées.

Bien qu'il puisse y avoir un calme qui vient avec la pleine conscience, ce n'est pas toujours garantie.

Pleine conscience not sentiments difficiles comprendre la modification

Encore une fois, la pleine conscience est plus sûre « être » et non « faire ». Avec cela à l'esprit, l'idée derrière la pleine conscience est de ne pas changer les choses, même si elle est désagréable., Il est plutôt de l'acceptation et la conscience de nos pensées, sentiments et sensations.

Pleine conscience n'est pas d'être parfait

La perfection est un idéal, pas une réalité. Personne ne ou la situation est parfaite. En chimie, il y a un concept appelé le gaz idéal. Il est simplement une hypothèse de la réalité telle qu'elle est un mirage. De la même manière, la perfection n'est pas une réalité.

Notre vie en ce moment est la réalité, et avec la pleine conscience, nous pouvons venir à bout avec elle.

Chapitre 9

Comment obtenir une bonne nuit de sommeil

L'effet d'une bonne nuit de sommeil ne peut pas être surestimée. Il est primordial au bien-être mental, physique et émotionnel d'un homme. Ceci explique pourquoi ne pas obtenir suffisamment de sommeil ne faire sentir ses effets sur le bien-être physique, la productivité, et peut même conduire à un excès de poids. Malheureusement, en raison des soucis de la vie quotidienne, beaucoup de gens trouvent qu'il est difficile de recueillir leurs pensées et Dormez une bonne nuit.

Lorsque vous êtes réveillé à 2 heures du matin en regardant le plafond, obtenir sommeil une bonne nuit peut sembler comme un mirage. Les bonnes nouvelles, cependant, est que vous pouvez prendre des mesures pour contrôler votre sommeil et vous assurer d'obtenir le sommeil une bonne nuit. Cela est dû à de simples routines de jour que vous Négliger.

Si vous avez choisi les mauvaises habitudes de jour comme l'excès d'alcool ou de l'exercice près de la soirée, il aurait sûrement une incidence sur votre sommeil. Cependant, nous, avons quelques conseils intéressants avec lesquels vous pouvez obtenir de sommeil une bonne nuit.

Astuce 1: Soyez à l'écoute de votre sommeil-réveil Cycle

Une des meilleures stratégies pour obtenir une bonne nuit de sommeil est d'être en phase avec votre rythme circadien. Si vous maintenez un cycle veille-sommeil défini, la qualité de votre sommeil sera mieux. Quelques conseils pour faire ce sont possibles :

Le sommeil en même temps tous les jours

L'idée derrière cela est de garder votre régulière de l'horloge interne du corps, qui, à son tour, améliorer la qualité de votre sommeil. L'heure du coucher doit être quand vous êtes stressé ou fatigué. Cela vous évitera de tourner et lancer.

contrôle Nanping

Nous avons aucun problème avec faire la sieste, car il pourrait être un excellent moyen de compenser une nuit sans sommeil. Le problème avec les siestes, cependant, est que cela pourrait affecter la qualité de votre sommeil la nuit. Dans cet esprit, limite les siestes à un maximum d'une heure en début d'après-midi.

Contrôle envie de dormir après le dîner

Il est courant et normal de se sentir endormi après avoir mangé, surtout si elle est un repas lourd. Résistez à l'envie de se pelotonner votre canapé et dormir au large. Au contraire, se lever et faire bouger. Trouver quelque chose à faire, comme faire la vaisselle, discuter avec votre conjoint, la lecture, ou en appuyant sur vos vêtements pour le lendemain. Dormir plus tôt que d'habitude pourrait vous faire réveiller à minuit, conduisant à l'insomnie.

Astuce 2: Be Smart avec la lumière d'exposition

Il y a une substance d'origine naturelle dans le corps appelée mélatonine, qui est contrôlé par la lumière. L'affectation principale est de réguler le cycle veille-sommeil. Dans l'obscurité, le cerveau sécrète plus de mélatonine, qui dorment induise. A la lumière aussi bien, le cerveau sécrète moins de mélatonine, ce qui vous rend alerte jolie. Le problème vient quand est altéré la production de mélatonine. En conséquence, nous allons explorer comment contrôler votre exposition à la lumière.

Influencer votre exposition à la lumière pendant la Lumière

- Obtenez plus de lumière brillante dans le Matin : Dès que possible tous les matins, se sont exposés à la lumière du soleil. Faites une promenade dans votre composé ou balayez les aveugles afin que les rayons lumineux pénètrent à l'intérieur.

- Passez dehors assez de temps dans la journée : quand vous avez une pause de travail, faire une promenade. Exercice à l'extérieur ou faire une promenade avec votre chien.

- Laissez-passer plus de lumière naturelle dans votre bureau ou travail. Il est une bonne idée d'avoir la fenêtre ouverte stores pendant la journée au travail ou dans votre bureau.

Influencer Votre exposition à la lumière pendant la nuit

- Évitez l'écran lumineux d'une heure à lit : La lumière bleue provenant de votre appareil mobile, écran, TV, PC, etc. ne permet pas votre sommeil. En tant que remède, utilisez un logiciel de modification de lumière ou de réduire la luminosité tout à fait si vous ne pouvez pas rester loin de vos gadgets

- Évitez de lire avec des périphériques de rétroéclairage : Arrêtez d'utiliser les téléphones, tablettes, etc. pour lire la nuit.

- Essayez de dormir dans une chambre complètement sombre : Garder les sources de lumière de votre chambre. Utilisez un lourd rideau pour bloquer les rayons lumineux. Dormir avec un masque si vous ne pouvez pas contrôler la source lumineuse.

- Si vous devez sortir du lit dans la nuit, utiliser les lumières tamisées. Il sera facile pour vows de endromid.

Astuce n ° 3: L'exercice pendant la journée

- L'exercice régulier est l'une des meilleures façons d'obtenir de sommeil une bonne nuit. Si vous exercez pendant la journée, vous dormirez mieux la nuit. L'exercice régulier peut vous aider à battre l'insomnie. De plus, il vous aide également à demeurer dans un profond sommeil plus.

- Plus vigoureux exercice vous fait mieux dormir la nuit. Cependant, peu importe à quel point ils exercent, il augmentera la qualité de votre sommeil.
- Il est essentiel de construire une habitude d'exercice de qualité. En effet, vous pourriez ne pas voir l'effet de l'exercice régulier qu'après deux ou trois mois.

Soyez intelligent avec votre timing exercice

Il y a de nombreux avantages de l'exercice, comme l'augmentation de la température du corps, en stimulant la fréquence cardiaque, et en augmentant le taux de métabolisme. C'est bien si vous exercez le matin ou l'après-midi. Cependant, l'exercice dans la soirée, peut-être une recette pour un désastre.

Avec cela à l'esprit, votre exercice vigoureux devrait se terminer dans l'après-midi. Si vous devez exercer dans la soirée, le rendre faible impact et yoga doux comme, étirements, ou à pied.

Astuce n ° 4: Prenez note de ce que vous mangez et buvez

Inconnu pour beaucoup, votre choix de nourriture joue également un rôle très important pour influencer la qualité de votre sommeil. Par conséquent, gardez ceci à l'esprit car ils influencent votre alimentation :

Réduire la caféine et de la nicotine:

Inconnu pour beaucoup de gens, la caféine interfère avec le sommeil. Elle peut affecter votre sommeil de façon terrible et pourrait être actif aussi longtemps que 12 heures après avoir bu. Aussi, évitez de fumer quand il est près de l'heure du coucher. Il ne permet pas votre sommeil.

Évitez les repas énormes à la nuit

Idéalement, nous vous recommandons d'avoir votre dîner tôt dans la soirée. Il devrait être d'au moins deux heures avant le coucher. Un repas lourd ne vous aidera pas. Éloignez-vous des épices et des aliments acides ainsi.

Réduire la consommation de liquide dans la soirée

Lorsque vous buvez excès de liquide, votre vessie sera pleine, qui vous fera réveiller sans cesse pour aller à la salle de bain. Cela affecte votre sommeil.

Astuce n ° 5: vers le bas et le vent vider la tête

Il y a beaucoup de raisons que les gens trouvent qu'il est difficile de bien dormir. Il pourrait être le stress, la colère, l'inquiétude, l'anxiété, et beaucoup d'autres facteurs. C'est pourquoi vous devez prendre des mesures pour gérer votre santé mentale en réduisant votre niveau de stress global. Il peut aller un long chemin à détendre votre esprit et vous préparer pour une bonne nuit de sommeil réparateur. L'idée de cette section est de se concentrer sur le développement des habitudes utiles comme les techniques de relaxation, méditation, écouter de la musique douce, etc., avec l'intention d'induire le sommeil.

Si vous vous trouvez avec vos soucis déconcertés de telle sorte qu'il perturbe votre sommeil, vous devez vous concentrer sur cette partie. Si vous surstimuler votre cerveau dans la journée, s'installer pour dormir peut-être difficile. Par exemple, beaucoup de gens ne peuvent pas se concentrer sur une seule tâche pour longtemps. Ils sont coupables de constamment à la recherche de quelque chose de nouveau et frais pour se stimuler. Cela rend assez difficile de se détendre.

La meilleure façon de s'y prendre est de mettre plus de temps pour se détendre, se retrouver entre amis via le chat, vérifiez vos médias sociaux. En outre, l'idée est de se concentrer sur une seule tâche à la fois. Cela vous aidera, et vous serez en mesure de calmer votre esprit lorsque vous êtes sur le point de dormir.

Exercice de respiration pour aider à mieux dormir profond échantillon

L'idée de cet exercice est de vous faire respirer de votre ventre et non pas votre poitrine. De cette façon, vous pouvez activer des techniques de relaxation qui produiront un effet calmant instantanée sur votre tension artérielle, la fréquence cardiaque et des niveaux de stress. Les tapes savants aliquant comment say prendre:

- Lay dans une position confortable avec vos yeux fermés
- Avoir une main sur votre poitrine et l'autre sur votre ventre
- Respirez par le nez et regarder la main sur votre montée du ventre. Il devrait y avoir un petit mouvement avec la main sur la poitrine
- Expirez par la bouche et expirez l'air autant que vous pouvez. La main sur votre ventre doit se

déplacer en tant que vous inspirez, tandis que l'autre doit se déplacer un peu
- Continuez à répéter le cycle de la respiration et expirez par le nez et la bouche. Aspirer sufficient deair pour permeate voter bas-venter augmenter.

Un exercice d'analyse du corps pour aider à dormir

Lorsque vous dirigez votre attention sur différentes parties de votre corps, vous pouvez localiser avec précision partout qui raidit et prendre les mesures nécessaires pour RELÂCHÉE.

- Lay sur le dos avec vos jambes écartées sur. Vos yeux fermés, et vos bras à vos côtés. Commencez à respirer et de diriger votre attention sur elle jusqu'à ce que vous vous sentiez mieux.
- Mettre l'accent sur le pied droit. Recherchez toute tension sans diriger votre attention de votre souffle. Comme vous expirez, imaginez chaque respiration qui coule de vos orteils. Gardez votre attention sur les orteils pendant au moins trois secondes.
- Maintenant se concentrer sur la semelle du même pied. Attention pour toute sensation dans cette partie du corps et imaginez votre souffle qui coule de la semelle. Déplacez votre attention à la cheville, le mollet, le genou, et d'autres parties du corps. Passez plus de temps dans une partie du corps qui se sent tendue.
- Lorsque vous avez terminé avec l'examen corps entier, prendre note de la façon dont l'ensemble du corps se sent. Il devrait y avoir un profond sentiment de relaxation qui rendra facile à dériver.

Conclusion

Merci d'avoir rendu jusqu'à la fin de ce livre. Nous espérons qu'il a été instructif et capable de vous fournir tous les outils dont vous avez besoin pour atteindre vos objectifs, quels qu'ils soient et être une personne positive.

Ce livre a discuté beaucoup de choses que vous trouverez intéressant. Il a fourni des informations et des solutions que vous avez besoin à l'échelle par la vie.

Maintenant, nous savons ce que Penser trop est, le danger de penser trop, et comment il est lié à notre productivité globale et la santé mentale. Nous avons également appris l'importance de l'esprit declutteringthe, notre environnement et comment former de bonnes habitudes et shun influence négative afin de croître et d'être mieux.

L'étape suivante consiste à relire ce livre si vous trouvez quoi que ce soit clair et trouver une décision. Pour être une meilleure personne et d'atteindre tes objectifs, vous devez prendre certaines mesures et risques. C'est ce que ce livre a été en mesure de fournir, des idées et des conseils dont vous avez besoin pour vous améliorer.

Rappelez-vous, apporteurs de but sont les décideurs ! Retard et la procrastination est dangereux et peut encore détruire votre vie. Faire un effort conscient et délibéré d'utiliser ce livre à son plein effet. Ne pas oublier d'acheter pour vos amis et votre famille aussi ! Ils pourraient avoir besoin de ce livre pour résoudre les problèmes.

CPSIA information can be obtained
at www.ICGtesting.com
Printed in the USA
LVHW020325290321
682793LV00014B/889